ROBERTO CARLOS

Conselho Editorial

Alcino Leite Neto
Ana Lucia Busch
Antonio Manuel Teixeira Mendes
Arthur Nestrovski
Carlos Heitor Cony
Contardo Calligaris
Marcelo Coelho
Marcelo Leite
Otavio Frias Filho
Paula Cesarino Costa

FOLHA
EXPLICA

ROBERTO CARLOS
OSCAR PILAGALLO

PubliFolha

© 2008 Publifolha – Divisão de Publicações da Empresa Folha da Manhã S.A.

Todos os direitos reservados. Nenhuma parte desta publicação pode ser reproduzida, arquivada ou transmitida de nenhuma forma ou por nenhum meio sem permissão expressa e por escrito da Publifolha – Divisão de Publicações da Empresa Folha da Manhã S.A.

Editor
Arthur Nestrovski

Coordenação editorial
Camila Saraiva

Assistência editorial
Adriane Piscitelli e Thiago Blumenthal

Coordenação de produção gráfica
Soraia Pauli Scarpa

Assistência de produção gráfica
Mariana Metidieri

Projeto gráfico da coleção
Silvia Ribeiro

Capa
© Ana Carolina Fernandes/Folha Imagem

Imagens
p. 62 – © Folha Imagem; p. 82 – © Juan Esteves/Folha Imagem; p.104 – © Moacyr Lopes Júnior/Folha Imagem; p. 168 – © Folha Imagem [1966]

Revisão
Agência de Letras e Luicy Caetano

Editoração eletrônica
Carla Castilho | Estúdio

Dados Internacionais de Catalogação na Publicação (CIP)
(Câmara Brasileira do Livro, SP, Brasil)

Pilagallo, Oscar
  Roberto Carlos / Oscar Pilagallo. – São Paulo : Publifolha, 2008. – (Folha Explica; v. 79)

  Bibliografia.
  ISBN 978-85-7402-968-9

  1. Cantores – Brasil. 2. Compositores – Brasil. 3. Música popular – Brasil. 4. Roberto Carlos. I. Título. II. Série.

08-09790   CDD-780.092

Índices para catálogo sistemático:
1. Cantores brasileiros : Ensaio musical-biográfico   780.092

A grafia deste livro segue as regras do **Novo Acordo Ortográfico da Língua Portuguesa**.

PUBLIFOLHA

Divisão de Publicações do Grupo Folha
Al. Barão de Limeira, 401, 6º andar
CEP 01202-900, São Paulo, SP
Tel.: (11) 3224-2186/2187/2197
www.publifolha.com.br

SUMÁRIO

APRESENTAÇÃO 7

1. ERA UMA VEZ JOÃO 13

2. JOVEM GUARDA.. 33

3. ESTE MOMENTO LINDO 63

4. NÃO VOU MUDAR 83

5. FICARAM AS CANÇÕES....................................105

CRONOLOGIA..115

DISCOGRAFIA E FILMOGRAFIA 121

BIBLIOGRAFIA E SITES 157

Para Sofia

APRESENTAÇÃO

oberto Carlos é uma espécie de guaraná. A metáfora de Caetano Veloso,[1] em resposta a um crítico que falara em laranjada, reveste o artista mais popular da música brasileira de um atributo que, embora central em sua vida e obra, lhe tentaram frequente e indevidamente confiscar: a brasilidade.

É fácil entender por que a crítica mais nacionalista hesita em considerá-lo genuinamente brasileiro. Afinal, Roberto Carlos nunca demonstrou maior apreço pelas raízes e tradições culturais do país: do *rock* ao *fox*, sempre preferiu gêneros originalmente americanos. Mas também não é difícil argumentar o contrário: o que seria genuinamente brasileiro se até o samba, brasileiro por excelência, não dispensa o pandeiro, de origem árabe, e a cuíca, provavelmente

---

[1] *Jornal do Brasil,* 8/12/1985.

trazida da África? O fato é que pela porta estreita do nacionalismo não passaria nem a bossa nova, que tem lá sua dívida com a harmonia do *jazz*.

Esse debate, que será deixado para musicólogos, apenas tangencia a importância da brasilidade de Roberto Carlos. Em sua essência, mais que um artista brasileiro, Roberto Carlos é uma expressão do Brasil. Não vai aqui nenhum juízo de valor: pode-se gostar ou não dessa expressão que ele representa. Certa vez, nos anos 90, um crítico afirmou: "Ele é a cara do Brasil: uma porcaria".[2]

Não é preciso gostar de Roberto Carlos para reconhecer que ele é a cara do Brasil. Nem se trata apenas da questão musical. Para o escritor Affonso Romano de Sant'Anna, seria um erro analisar a qualidade poética de Roberto Carlos sem levar em conta a totalidade do fenômeno. "O significado de Roberto Carlos dentro do cotidiano brasileiro faz com que gostemos dele independentemente de um julgamento literário sobre a sua produção".[3]

Na raiz dessa atitude está o carisma excepcional de Roberto Carlos. Carisma não se explica, claro, mas pode ser dimensionado. Talvez valha citar, pelo simbolismo que encerra, o fato de que não há na história da música brasileira notícia de outro cantor que tenha dado nome a dois jogadores da seleção: o lateral-esquerdo Roberto Carlos e o zagueiro Odvan, assim batizado por causa da música "O Divã".

É esse, no limite, o espaço que Roberto Carlos ocupa no imaginário popular: o espaço do mito. Ele não foi o primeiro grande ídolo da música brasileira – Orlando Silva (1915-78), a seu tempo, desfrutou

---

[2] Ezequiel Neves, em *O Globo*, 31/10/1993.
[3] *Jornal da Tarde*, 8/2/1980.

igualmente de enorme popularidade. Mas foi o primeiro a atuar num ambiente dominado pela cultura de massa, que surgiu com o fortalecimento da televisão e do mercado de consumo, especialmente o segmentado para jovens. É pertinente, portanto, que Caetano tenha se referido ao refrigerante industrializado, não à fruta.

A cultura de massa impõe o gosto médio, e Roberto Carlos não ficou imune a essa tirania. Mas não foi apenas um movimento de cima para baixo. Em sentido contrário, com a pressão derivada de seu próprio talento musical, Roberto Carlos ajudou a formar o gosto médio do brasileiro, modernizando-o.

É claro que, em arte, sempre se pode argumentar que até o mau gosto é preferível ao gosto médio. Mas o mau gosto, assim como o seu contrário, está restrito às esferas da cultura popular ou da alta cultura; nessas, a maior liberdade conduz ao acerto ou ao erro, sem que isso tenha implicações além do âmbito artístico. Na cultura de massa, porém, o que se busca é algo com potencial para agradar ao maior número possível de pessoas. Essa é a regra do jogo que Roberto Carlos sempre jogou – e é dessa perspectiva que deve ser avaliado.

Qual, então, a avaliação? É de Sant'Anna a melhor síntese de Roberto Carlos: "Ele é o lado *kitsch* dos ouvintes mais sofisticados e é o lado mais sofisticado dos ouvintes mais *kitsch*. É uma espécie de herói popular". Já para Chico Buarque, "Roberto é o mais moderno dos cantores românticos latinos".[4] Na realidade, como talvez nenhum outro artista, Roberto Carlos é capaz de conciliar quantidade e qualidade, atravessando com desenvoltura a ponte que liga o Guinness ao Grammy.

---

[4] *Folha de S.Paulo*, 10/12/1993.

Como se explica tal prodígio? O que o diferencia? Talvez a competência para operar nas dobras de um sistema que ele não questiona. Sem nunca ter quebrado as regras do jogo, Roberto Carlos testou limites, criou um espaço próprio e impôs sua vontade, contribuindo para, apesar das repetições, ou por causa delas, apurar o gosto musical do brasileiro. Com sua incrível habilidade para se comunicar com o homem da rua, transformou-se naquilo que sempre foi: um gênio da praça.

★

Este é um ensaio musical-biográfico. Interessam aqui as histórias que entraram na música – e as músicas que entraram para a história.

Roberto Carlos quase nunca escreveu músicas de teor político. (Talvez a única exceção seja "Verde e Amarelo", para saudar a Nova República em 1985.) E, no entanto, é possível, a partir de suas canções, montar trilhas sonoras para 50 anos de história do Brasil. Para mencionar um único exemplo, "Eu Sou Terrível", sucesso da "Jovem Guarda", acabaria associada ao filme *O Ano em Que Meus Pais Saíram de Férias* (2006), de Cao Hamburger, que tem como pano de fundo a luta armada dos anos 70.

O auge de Roberto Carlos, aliás, coincide com a ditadura militar. Não há relação entre uma coisa e outra – e isso precisa ser dito com todas as letras porque o cantor enfrenta críticas pela atitude conformista desde os tempos do iê-iê-iê. Mas é um fato: seu primeiro grande sucesso, "O Calhambeque", data de 1964, e um dos últimos da fase áurea, "Caminhoneiro", de 1984.

Antes de 1964, Roberto Carlos era apenas um jovem promissor em formação. Esse é o assunto do primeiro capítulo, que começa em Cachoeiro de

Itapemirim, onde o menino Zunga tem lições de música e vida que jamais esquecerá. O capítulo seguinte trata da "Jovem Guarda". É nessa fase que gostar de Roberto Carlos era, para os que se sentiam patrulhados, um "vício secreto", como diz Nelson Motta.[5] O terceiro capítulo aborda aquele que talvez seja o melhor Roberto Carlos: o compositor inspirado e o intérprete perfeccionista, que faz a passagem do *soul* para as baladas românticas dos anos 70.

Haveria, mais adiante, um declínio na produção musical de Roberto Carlos, algo de que se fala no capítulo 4. O período se inicia com uma polêmica da qual ele sai desgastado, ao apoiar a censura ao filme *Je Vous Salue, Marie*, em 1986. Mas essa é também a fase em que o cantor se supera, e, nos *shows*, amparado pelo repertório dos anos anteriores, sustenta o sucesso de uma carreira que o levou a vender mais de 100 milhões de álbuns no mundo todo, o único latino a atingir tal marca.

O último capítulo pode ser lido como um guia da recepção de Roberto Carlos por novos intérpretes e jovens roqueiros. A geração Coca-Cola de que falava Renato Russo entrava em campo para reverenciar o rei, aquela espécie de guaraná. Isso é que é.

---

[5] *Folha de S.Paulo*, 21/4/1991.

1. ERA UMA VEZ JOÃO

No inverno de 1958, Roberto Carlos tinha 17 anos. Morava com a família em Lins de Vasconcelos, subúrbio do Rio de Janeiro. Naquela temporada, os amigos, os vizinhos, os colegas do curso de datilografia, todos pareciam ter ouvidos apenas para "A Taça do Mundo É Nossa", hino em comemoração à surpreendente campanha que, além de dar ao Brasil a primeira Copa, revelara um garoto de sua idade, o único brasileiro com quem mais tarde compartilharia o título de rei: Pelé.

Naquele final dos anos 50 tudo acontecia ao mesmo tempo no Brasil. Na política, o sorridente e charmoso presidente Juscelino Kubitschek emprestava ao governo uma aura de modernidade. Na economia, surgia a indústria automobilística, sem a qual Roberto Carlos teria sido privado do tema de algumas de suas mais empolgantes composições. Na arquitetura, Brasília ganhava retoques finais. Nas artes, o cinema novo, que tivera um precursor em *Rio 40 Graus*, de Nelson Pereira dos Santos, dava os primeiros passos. Com tudo isso, o brasileiro gostava de pensar que com ele não havia quem pudesse — pelo menos era isso o que cantava.

A afirmação de que as coisas aconteciam ao mesmo tempo naqueles "anos dourados", como os anos 50 seriam nostalgicamente chamados, não é apenas força de expressão. Em alguns casos, ela é literal. As certidões de nascimento dos dois maiores símbolos daquele Brasil efervescente têm a mesma data. Em junho de 1958, enquanto, na Suécia, Garrincha e seus companheiros de seleção demonstravam a superioridade do futebol-arte, no Rio, João Gilberto gravava "Chega de Saudade", que mudaria a história da música popular brasileira.[6]

Ao sintonizar o rádio de válvulas da família, Roberto Carlos prestou atenção no violão e no canto diferentes daquele baiano então desconhecido do grande público. Adolescente, Roberto Carlos já tinha o ouvido treinado o suficiente para saber que aquilo — a batida sincopada nas cordas, o uso da voz como instrumento, a dissonância harmônica — apontava para novos caminhos. Aquilo era uma bossa nova.

O impacto do disco de João Gilberto nos jovens músicos da época e nos futuros compositores e intérpretes é dificilmente apreendido em toda a sua extensão pelas gerações posteriores, que, por terem desde sempre escutado bossa nova, ou a influência da bossa nova em outros gêneros, acham-na muito natural. Mas não era assim que soava aos primeiros ouvintes. Para muitos deles, o cantor não cantava. E, se cantava,

---

[6] A coincidência é lembrada por Ruy Castro em *Chega de Saudade* (São Paulo: Companhia das Letras, 1990); p. 184.

atravessava o ritmo ou desafinava. Quanto à harmonia, era simplesmente esquisita – onde estavam aqueles acordes perfeitos que davam ao tradicional cancioneiro uma reconfortante sensação de estabilidade?

Pois o que incomodava o ouvinte médio, acostumado a interpretações a plenos pulmões, maravilhava as sensibilidades musicais mais aguçadas. Talvez não tenha havido, desde então, um grande nome da música brasileira totalmente imune à influência de João Gilberto. O grupo de jovens músicos do Rio foi o mais identificado com a bossa nova. Afinal, compositores, instrumentistas e cantores como Carlos Lyra, Roberto Menescal, Ronaldo Bôscoli, Nara Leão e o próprio Tom Jobim (autor de "Chega de Saudade", com Vinicius de Moraes) vinham ensaiando algo próximo à bossa nova, ainda que sem o seu elemento mais característico: o violão de João Gilberto.

Se o epicentro da bossa nova foi Ipanema, as reverberações do choque musical foram sentidas pelo país afora. Em Santo Amaro da Purificação, no recôncavo baiano, o menino Caetano Veloso foi apresentado à novidade por um colega do ginásio. "A bossa nova nos arrebatou", conta Caetano em *Verdade Tropical*. "O que eu acompanhei como uma sucessão de delícias para minha inteligência foi o desenvolvimento de um processo radical de mudança de estágio cultural que nos levou a rever o nosso gosto, o nosso acervo e – o que é mais importante – as nossas possibilidades".[7]

Em São Paulo, onde então morava, Chico Buarque também sentiu o abalo. "Chico percebeu que ali estava alguma coisa ao mesmo tempo moderna

---

[7] Caetano Veloso, *Verdade Tropical* (São Paulo: Companhia das Letras, 1997); p. 35.

e brasileira, afinada com excitantes novidades que o país experimentava naquele final de década", escreveu Humberto Werneck.[8]

Roberto Carlos, portanto, estava longe de ser exceção quando se encantou com João Gilberto. "Nunca tinha ouvido nada parecido antes", afirma, em depoimento registrado por Paulo Cesar de Araújo na biografia não-autorizada *Roberto Carlos em Detalhes*. "A forma de ele cantar, a colocação da voz, a emissão, a afinação, a divisão, tudo ali era perfeito. Quando ouvi João Gilberto eu fiquei parado, porque aquilo era algo simplesmente maravilhoso".[9]

Maravilhoso e oportuno. Sem a voz potente dos cantores que ainda faziam sucesso nos auditórios das rádios, Roberto Carlos não teria tido grande chance de aparecer sem uma revolução que privilegiasse certo minimalismo vocal. Enxuto, exato, contido, João Gilberto lhe oferecia esse novo diapasão; e o adolescente iria usá-lo para tentar abrir a porta da carreira.

Caetano e Chico, filhos da classe média, não tinham idade para pensar em viver de música naquele final dos anos 50. Caetano ainda nem escrevia suas críticas de cinema e Chico estava longe da arquitetura – duas carreiras mais tarde interrompidas pela música. Mas Roberto Carlos, nascido numa família de poucas posses e com alguns anos a mais, estava justamente tentando cavar espaço no mundo artístico. Assim, enquanto Caetano e Chico se trancavam em seus quartos, com João girando na vitrola sem parar, Roberto Carlos se preparou para subir nos palcos das boates da moda

---

[8] Humberto Werneck, *Chico Buarque – Letra e Música* (São Paulo: Companhia das Letras, 1989); p. 23.
[9] Paulo Cesar de Araújo, *Roberto Carlos em Detalhes* (São Paulo: Editora Planeta, 2006); p. 65.

do Rio, onde a sofisticação da bossa nova era cultuada por pequena mas antenada audiência.

Ele ainda era menor de idade, mas, com vários anos de experiência musical, estava dando uma guinada – a primeira de uma série que, nos 50 anos seguintes, o manteria na posição de artista de maior sucesso da história da música popular brasileira.

MEU PEQUENO CACHOEIRO

Roberto Carlos empunhou um microfone em público pela primeira vez oito anos antes de ouvir João Gilberto. Em 1950, em Cachoeiro de Itapemirim, no interior do Espírito Santo, então com pouco mais de 80 mil habitantes, só havia uma emissora, a Rádio Cachoeiro, e foi lá que ele estreou como calouro. Cantou um bolero, "Amor y Mas Amor",[10] do porto-riquenho Bobby Capó, uma declaração de amor melada como as balas Esperança que o menino ganhou ao deixar o palco.

Nascido em 1941, "Zunga" (seu apelido de infância) demonstrou interesse por música desde os quatro anos.[11] Com essa idade, cantava para a família músicas de Bob Nelson, "o único *cowboy* daqui", como ele mesmo o descreveria mais tarde numa música em sua homenagem.[12] Seus trinados eram típicos das canções tirolesas que a

---

[10] Não há gravação conhecida dessa apresentação. No YouTube é possível assistir ao vídeo com a interpretação do próprio autor.
[11] Araújo, op. cit.; p. 23.
[12] "A Lenda de Bob Nelson", parceria com Erasmo Carlos, outro fã do *cowboy* brasileiro.

mãe de Roberto Carlos, dona Laura, gostava de cantar em companhia dos filhos.[13]

Foi ela que lhe transmitiu as primeiras noções musicais. Tendo aprendido ainda adolescente a tocar violão, "Lady Laura" ensinou ao filho a harmonia básica, livrando-o do acordeom, o pesado fardo que sua geração carregou, literalmente, nos ombros. Depois de aprender os acordes básicos, Roberto Carlos passou a estudar pelo método de Américo Jacobino, o Canhoto, que oferecia o atalho preferido dos violonistas que não liam partituras, tocando de ouvido com a ajuda de cifras. Mais tarde, pré-adolescente, chegou a ter aulas de violino e por dois anos estudou piano no conservatório da cidade, resistindo à insistência das professoras para que aprendesse a ler música.

Nesses anos todos, Zunga nunca deixou de cantar. Continuou aparecendo no mesmo programa, sempre com o incentivo da mãe. O repertório era o que ele conhecia de cor, de tanto ouvir no rádio: boleros, tangos, sambas-canções. Com 14 anos, já tinha intimidade com o palco e o microfone – aquele era o seu ambiente. Foi quando percebeu que, se quisesse seguir carreira, precisaria ir para o Rio de Janeiro, onde a então poderosa Rádio Nacional projetava nacionalmente os grandes ídolos da música popular.

Assim, em março de 1956, logo após a posse de Juscelino Kubitschek, Roberto Carlos deixa definitivamente a "doce terra onde eu nasci", como cantaria em "Meu Pequeno Cachoeiro", do conterrâneo Raul Sampaio, e vai morar com uma tia em Niterói, onde uma rápida travessia de barca o levaria à capital federal.

---

[13] Lauro Roberto, Carlos Alberto, Norma e o caçula Roberto Carlos.

Da partida, ele se recordaria 30 anos mais tarde, ao compor "Aquela Casa Simples", uma balada em tom menor, cuja profunda melancolia é sublinhada pelo lamento dos violinos. A letra descreve a ida à estação de trem com o pai, o relojoeiro Robertino, que olha para o filho "com ternura/ a lágrima molhar meu paletó de brim". Na bagagem, o violão e – o que a música não menciona – um par de muletas.

TRAUMAS

Quando começou a cantar no rádio, Roberto Carlos já sofrera havia algum tempo o acidente cuja lembrança o acompanharia por toda a vida. Aos seis anos, teve a perna direita prensada pela roda de um trem. Socorrido por um homem que fez um garrote com seu paletó de linho, foi levado ao hospital, onde sofreu amputação na altura da parte superior da canela. Como a família não tinha recursos suficientes para a prótese, Roberto Carlos passou o restante da infância andando de muleta.

Embora não fale publicamente sobre o acidente, Roberto Carlos aborda o tema em duas músicas do início dos anos 70 que se relacionam já a partir dos títulos. "O Divã" tem letra descritiva: "Relembro bem a festa, o apito/ E na multidão um grito/ O sangue no linho branco/ A paz de quem carregava/ Em seus braços quem chorava". Em "Traumas", a referência é mais sensorial: o "delírio da febre que ardia/ no meu pequeno corpo que sofria/ sem nada entender".

O acidente o marcou – nem poderia ser de outro modo. Em "O Divã", ele próprio indica, de forma confessional, que o trauma de infância ainda o acompanha:

"São problemas superados/ Mas o meu passado vive/ Em tudo que eu faço agora/ Ele está no meu presente". E insiste no refrão: "Essas recordações me matam". Mas avaliar a intensidade do impacto que essa fatalidade significou para sua vida, música e carreira é uma questão em aberto. O sociólogo Sergio Miceli, estudioso da indústria cultural brasileira, estabelece uma conexão: "a desvantagem física como que condensa a matriz de vivências dolorosas que iria moldá-lo [...] A mutilação, o estigma, o empenho em se livrar da condição de vítima prefiguram o atabalhoado de sofrimentos com que se defrontou desde cedo, sentenciado ao [...] mergulho reflexivo que repercutiu fundo na atividade musical". Ele vai além, ao supor que o acidente contribuiu para despertar em Roberto Carlos o interesse pela música, "apartando-o de vez do futuro previsível para jovens de sua condição".[14]

Como quer que tudo isso tenha se processado na cabeça de Roberto Carlos, o fato é que a música logo se sobrepôs à dor. É uma metáfora dessa superação o fato de que, dos objetos que carregava naquela partida definitiva de Cachoeiro, tenha sido o violão – e não as muletas, logo substituídas por uma prótese – que o acompanharia no Rio de Janeiro.

O "CLUBE DO ROCK"

O início da temporada no Rio foi do barulho. Primeiro, o barulho da máquina de escrever. Mais tarde, o barulho

---

[14] Artigo publicado no jornal *O Estado de S. Paulo* (31/12/2006).

do *rock*. Foi o acaso que promoveu o improvável encontro desses ambientes sonoros tão distantes entre si.

Depois de algumas tentativas frustradas de se insinuar no universo musical carioca, Roberto Carlos decidiu acatar o conselho materno e se matricular no Colégio Ultra. Lá, teria aulas de datilografia e cursaria um supletivo, que condensava em seis meses os quatro anos de ginásio. Lá também encontraria dois colegas ligados ao mundo artístico. Um deles o levou a cantar pela primeira vez na televisão; o outro o apresentou à turma dos roqueiros da Zona Norte.

Começar pela televisão era, de certa maneira, começar por baixo. O veículo tinha pouco mais de cinco anos de vida[15] e a audiência era pequena, restrita aos poucos que podiam comprar o aparelho. Um daqueles colegas de Roberto Carlos, que o viu cantando nos intervalos do curso, vinha a ser filho de uma produtora do programa semanal de variedades da TV Tupi, o "Teletur". Contato feito, Roberto Carlos teria finalmente sua primeira grande chance fora de Cachoeiro. Sentado numa lambreta colocada no cenário, acomodou o violão no colo, encarou a câmera e soltou o "wop-bop-a-loo-bop-a-lop-bam-boom" da abertura de "Tutti Frutti", engatando em sua estreia na TV um dos grandes sucessos do repertório de Elvis Presley.

O outro colega, Arlênio Lívio, teria papel mais relevante em sua trajetória. Arlênio morava na Tijuca e lá frequentava o Divino, bar da rua do Matoso, ponto de encontro de jovens que gostavam de ouvir Chuck Berry, assistir a *Juventude Transviada*, ler os quadrinhos do *Capitão América*, tomar Coca-Cola, comer *hot dog*

---

[15] A televisão no Brasil data de 18 de setembro de 1950, quando foi inaugurada, em São Paulo, a TV Tupi. No Rio, a Tupi só começaria a transmitir no ano seguinte.

e se render a tudo o mais que lembrasse a cultura pop americana. Um de seus amigos, o Tião Marmiteiro, que nascera Sebastião Maia e morreria Tim Maia (1942-98), liderava uma banda de porão.

Com referência musical americana e nome de origem soviética, a banda The Sputniks encapsulava involuntariamente o universo da Guerra Fria, que opunha as duas potências então engajadas numa corrida espacial, na qual a União Soviética saíra na frente ao lançar, em outubro de 1957, o satélite Sputnik, o primeiro a orbitar a Terra. Alheio à disputa ideológica, Tim Maia impressionou-se com o feito e batizou o grupo.

Tim Maia fazia violão e voz. O grupo contava ainda com o próprio Arlênio e Wellington Oliveira, que era o *crooner*. Com essa minguada formação, Tim Maia estava recrutando novos talentos. Foi quando surgiu no Divino um moreninho magrelo, de cabelos crespos, olhos tristes e que puxava um pouco de uma perna, na descrição de Nelson Motta, autor da biografia de Tim Maia.[16] Roberto Carlos completou o quarteto, e os ensaios tiveram início – assim como os problemas. Quem tocaria violão, por exemplo? "A solução foi manter os dois, com Tião tocando o mais rítmico e Roberto o mais harmônico", escreve Motta. O repertório também era motivo de discórdia. "Roberto gostava mais do romântico e topetudo Elvis, e Tião preferia o negro, *gay* e escandaloso Little Richard."[17] De qualquer maneira, a banda serviu para que os jovens fossem levados a Carlos Imperial, apresentador do "Clube do Rock", o primeiro programa de televisão dedicado ao gênero.

---

[16] Nelson Motta, *Vale Tudo: o Som e a Fúria de Tim Maia* (Rio de Janeiro: Objetiva, 2007); p. 29.
[17] Motta, op. cit.; p. 30.

Em 1957, o *rock* ainda era novidade, pelo menos no Brasil. O termo "*rock and roll*" fora cunhado em 1951 por um *disc jockey* americano, Alan Freed, para descrever o amálgama da música *country* dos brancos com o *rhythm and blues* dos negros, além do *boogie-wooggie*. Antes disso, a expressão existia apenas como obscuro eufemismo para designar o ato sexual. Além de dar nova acepção a *rock'n'roll*, Freed ajudou a tirar a nova música do gueto. Mas só alguns anos depois, em 1955, com o "Rock Around The Clock", de Bill Haley e Seus Cometas, o gênero conquistaria grande audiência. A música, do ano anterior, só fez sucesso ao ser aproveitada na abertura do filme *Sementes da Violência*, eletrizando as jovens plateias. Foi assim, nas salas de cinema, que o *rock* nasceu. E foi assim também que, com pequena defasagem, chegou ao Brasil.

O "Clube do Rock" era apenas uma inserção semanal de 15 minutos, num programa da TV Tupi transmitido diariamente na hora do almoço. Ainda assim, representava uma cunha de rebeldia e irreverência na grade tradicional. Foi, portanto, com muito empenho que os Sputniks lá tocaram. Mas Roberto Carlos e Tim Maia logo se desentenderam quando o capixaba procurou Imperial, seu conterrâneo, para lhe dizer que imitava Elvis. Imperial o escalou para o programa seguinte. "Roberto contou feliz a novidade e Tião a recebeu como alta traição", resume Motta.[18] Os Sputniks implodiram. Uma semana depois, Imperial apresentaria ao seu público, com o estardalhaço de sempre, o "Elvis Presley brasileiro".[19]

---

[18] Motta, op. cit.; p. 31.
[19] Quanto a Tim Maia, se apresentaria mais tarde no "Clube do Rock" como o "Little Richard brasileiro". Aliás, dessa fórmula de Imperial saíram vários epítetos. Wilson Simonal, outro exemplo, era o "Harry Belafonte brasileiro".

Elvis (1935-77) foi o primeiro expoente do *rock* americano. Naquela altura, estava no auge e emplacava um sucesso atrás do outro, como "Hound Dog" e "Heartbreak Hotel". Não apenas dominava a cena musical, mas incorporava, como nenhum outro artista, o espírito de rebeldia da juventude dos anos 50, o que era reforçado nos filmes que protagonizava. Para Roberto Carlos, ele era um ídolo. Natural, portanto, que, aos 16 anos, o imitasse despudoradamente, inclusive nos trejeitos.

Elvis significou mais que um modelo para Roberto Carlos. Foi também, ainda que indiretamente, o responsável por sua aproximação com o parceiro de toda a vida. Em abril de 1958, Roberto Carlos teria a chance de, com outros principiantes do "Clube do Rock", abrir um *show* de Bill Haley no Maracanãzinho. Resolveu cantar "Hound Dog", que Elvis gravara dois anos antes. A música ele conhecia, mas ainda não tinha decifrado a letra em inglês. Ao procurar ajuda, foi levado a Erasmo Esteves, um garoto da Tijuca da sua idade que tinha a fama de colecionar tudo sobre Elvis, inclusive as letras das músicas.[20] Roberto Carlos acabou não apresentando o número, impedido pelo Juizado de Menores, mas a amizade e a parceria com Erasmo Carlos, nome adotado pouco depois, atravessariam as décadas seguintes.[21]

O ídolo de Roberto Carlos, de qualquer maneira, já não era o mesmo. No dia em que Bill Haley cantou

---

[20] Araújo, op. cit.; p. 56-59.
[21] Em 2006, eles registrariam no CD *Duetos* uma apresentação ao vivo da música que Roberto Carlos não cantou em 1958. O *pot-pourri* de músicas consagradas por Elvis Presley no dueto com Erasmo inclui "Tutti Frutti", "Long Tall Sally", "Blue Suede Shoes" e "Love Me Tender".

no Rio, o *rock* ainda não havia se recuperado de um golpe que, na época, parecia prenunciar o fim do gênero. Semanas antes, fora anunciado nos Estados Unidos que Elvis Presley, o rebelde que desafiava o *establishment* com um vigoroso requebrado sensual, tinha entrado para o exército. A surpreendente guinada de Elvis não foi um fato isolado. O *rock* vinha de outro revés. No ano anterior, o endiabrado Little Richard desistira da carreira e se convertera em pastor evangélico, chegando a declarar que o *rock* era música do demônio. No início do ano seguinte, o compositor e guitarrista Buddy Holly morreu aos 22 anos num acidente aéreo e, meses depois, o cantor e compositor Chuck Berry, um dos inventores do *rock*, enfrentaria longo julgamento por abuso de um menor de idade, o que o levaria à prisão nos anos 60.[22]

Se as coisas pareciam ir ladeira abaixo onde o *rock* tinha sido criado, que dirá nas periferias onde era copiado. Pois foi nesse momento, poucos meses após o alistamento de Elvis Presley, que Roberto Carlos ouviu "Chega de Saudade", a música que abriria outras possibilidades para sua incipiente carreira.

A BOSSA NOVA

Ainda em 1958, Roberto Carlos abandonou o *rock*, afastou-se da turma da Tijuca e começou a cavar oportunidades para se apresentar em boates cantando repertório de bossa nova. No início de 1959, Roberto

---

[22] Ele voltaria à atividade mais tarde, tornando-se o roqueiro mais longevo de sua geração. Em meados de 2008, aos 81 anos, chegou a fazer apresentações em São Paulo e no Rio.

Carlos passou a se apresentar na boate Plaza, atividade que manteria por vários meses.

Esse ano marca o começo de sua carreira profissional. Embora já tivesse quase dez anos de experiência, foi só em 1959 que deixaria de ser amador. Além do contrato na boate, faria em julho sua primeira gravação, um compacto simples com duas músicas etiquetadas como bossa nova: "João e Maria" e "Fora do Tom", ambas de Carlos Imperial, que, após reencontrar Roberto Carlos cantando na noite, passou a cuidar do lançamento de sua carreira.

"Bossa nova" é uma etiqueta imprecisa para o compacto, sobretudo no caso de "Fora do Tom", que está mais para paródia. A letra faz várias provocações à turma da bossa nova, a começar pelo primeiro verso: "Não sei, não entendi/ vocês precisam me explicar/ seu samba é esquisito/ não consigo decifrar". Mais adiante, uma citação debochada a "Chega de Saudade": "E pra beijar alguém/ os peixinhos fui contar". No fim, a letra arremata: "No tom que vocês cantam/ eu não posso nem falar/ nem quero imaginar/ que desafinação/ se todos fossem iguais a vocês".

"João e Maria", que tem coautoria de Roberto Carlos, também não chega a ser bossa nova. A letra, que até tem a coloquialidade do gênero, narra uma versão de almanaque do casal do título. Eles vão passear pelo bosque, ele faz papelão, ela não gosta, ele fica com as borboletas na mão, ela volta de Cadillac. Isolada, seria só uma música ingenuamente maliciosa. Ao lado de "Fora do Tom", no entanto, soa irônica ao mencionar o "coitadinho do João" e ao insistir no final: "Era uma vez João/ era uma vez João/ era uma vez João".

As duas músicas fizeram pouco sentido na largada da carreira de Roberto Carlos. Se ele era um admirador sincero de João Gilberto, como entender a troça?

Homenagem ao avesso? Mais provável é que tenha agido sob a influência de Imperial. Embora também tivesse se deixado fascinar pela bossa nova, o astuto e oportunista Imperial via a polêmica como filão a ser explorado pelo seu protegido. Mas há também quem tenha ouvido a música como exemplo de autoironia típica da própria bossa nova, à maneira de "Desafinado" ou "Lobo Bobo".

De qualquer modo, a etiqueta "bossa nova" aqui é imprecisa do ponto de vista musical. Roberto Carlos canta com a voz pequena e bem colocada – isso é bossa nova. Mas bossa nova é mais que isso. É preciso ter em perspectiva que o violão de João Gilberto "esfria" o samba ao optar por um baixo homogêneo, ou seja, ao tocar os bordões, ele não hierarquiza os dois tempos do compasso binário. Ao contrário da batucada do samba, em que se acentua o segundo tempo com a marcação do surdo, na bossa nova o tempo forte e o tempo fraco têm a mesma intensidade. Ao fazer isso, "é ao convite à dança que ele renuncia", como analisa Walter Garcia.[23] Ora, as duas faixas inaugurais de Roberto Carlos passam ao largo desse refinamento. Ambas poderiam servir para dançar – se alguém tivesse se habilitado.

Mas não foi o caso. Não só o disco não emplacou, como o ex-"Elvis Presley brasileiro" passaria a ser chamado de "João Gilberto dos pobres". Roberto Carlos realmente cantava de maneira muito parecida à do pai da bossa nova, coisa que ele sempre admitiu. "O rapaz imitava escancaradamente João Gilberto", anotou Nelson Motta depois de ouvi-lo pela primeira vez.[24] Para Ruy Castro, ele teria aprendido apenas a

---

[23] Walter Garcia, *Bim Bom – A Contradição Sem Conflitos de João Gilberto* (São Paulo: Paz e Terra, 1999); p. 20 a 23.
[24] Motta, op. cit.; p. 24.

fazer uma "passável imitação", que parecia uma "cópia meio aguada do original".[25]

A diferença entre um e outro é analisada pelo compositor Luiz Tatit. João Gilberto, diz ele, usa a voz como instrumento de mergulho nos meandros da canção, enquanto Roberto Carlos a usa como bumerangue, que, após descrever a melodia, retorna à fonte, apontando o dono da voz. "Da voz de João Gilberto sai uma canção objetiva. Da canção de Roberto Carlos sai uma voz subjetiva", compara Tatit.[26]

Paulo Cesar de Araújo, autor da biografia não-autorizada de Roberto Carlos, também aponta a imitação, mas a contextualiza, rejeitando o estigma com um argumento convincente. Diz ele: "Roberto Carlos foi o primeiro artista de sua geração a gravar um disco e, portanto, foi o primeiro a registrar a influência de João Gilberto". Araújo lembra que Roberto Carlos gravou menos de um ano após o lançamento de "Chega de Saudade", enquanto outros discípulos de João Gilberto, como Caetano Veloso e Chico Buarque, estreariam em disco com defasagem de sete anos. "Aí já havia um distanciamento maior [...] e se tornou possível assimilar e processar melhor a influência [...]. Já Roberto Carlos gravou em cima da bucha, no calor da hora, e pagou um preço por isso".[27]

O preço foi ver a porta da bossa nova se fechar na sua cara. Imperial ainda meteu o pé na fresta para mantê-la entreaberta. Levou Roberto Carlos a tiracolo a saraus intimistas nos apartamentos da Zona Sul, tentou escalá-lo para *shows* universitários, conversou com seus muitos

---

[25] Castro, op. cit.; p. 282.
[26] Luiz Tatit, *O Cancionista – Composição de Canções no Brasil* (São Paulo: Edusp, 2002); p. 189.
[27] Araújo, op. cit.; p. 72.

conhecidos no meio artístico, visitou gravadoras e produtores musicais. A maratona de compromissos, porém, nada faria para quebrar a resistência da bossa nova.

Ou quase nada, pois, afinal, um segundo compacto seria gravado, um ano depois do primeiro. O disco, de novo com duas músicas de Imperial, é duplamente híbrido. "Canção do Amor Nenhum" fica entre o samba tradicional e o samba-canção e evoca a bossa nova ao remeter a "Canção do Amor Demais", outro marco do gênero.[28] A segunda faixa, "Brotinho Sem Juízo", volta a investir na bossa nova, na realidade, "uma sub-bossa nova imperialesca", na definição de Nelson Motta.[29] O hibridismo, nesse caso, deve-se a elementos do *rock*-balada, como a inflexão vocal típica da então também incipiente música jovem e o uso de gírias desse universo.

O discurso dos bossa-novistas batia na mesma tecla. "Olha, bicho, não dá para você. Você quer cantar igualzinho a João Gilberto – e nós já temos o João Gilberto", lhe disse o compositor e violonista Roberto Menescal, um dos articuladores da bossa nova.[30] O próprio João Gilberto, no entanto, tinha opinião favorável sobre Roberto Carlos. Certa noite, apareceu no Plaza quando o *crooner* interpretava "Brigas Nunca Mais", um samba-canção de Tom Jobim e Vinicius de Moraes que ele havia gravado. "Eu achei o Roberto muito musical", diria mais tarde.[31]

---

[28] Composição de Tom Jobim e Vinicius de Moraes, "Canção do Amor Demais" deu título ao LP de Elizete Cardoso em que João Gilberto, meses antes de gravar "Chega de Saudade", acompanha ao violão a cantora. O disco é considerado um marco inaugural da bossa nova.
[29] Motta, op. cit.; p. 24.
[30] Castro, op. cit.; p. 282.
[31] Araújo, op. cit.; p. 78 e 79.

O PRIMEIRO VINIL

Aos 20 anos, Roberto Carlos já passara pelo bolero na infância, pelo *rock* na adolescência, e pela bossa nova na primeira juventude. O que faltava em definição sobrava em ecletismo – e seria essa a principal característica de seu LP de estreia.

Roberto Carlos entrou no estúdio da Columbia em janeiro de 1961 e o disco foi lançado em agosto – por coincidência, o mesmo período da presidência de Jânio Quadros. Embora evidentemente não haja nenhuma conexão entre os fatos, não deixa de ser curioso notar que o disco e o mandato são igualmente ambíguos ao embaralhar signos da modernidade e do conservadorismo. Para citar um único exemplo musical, em "Só Você", com levada jazzística que soava contemporânea na época, a letra enveredava pela defesa de valores tradicionais: "Só você eu levo pro altar/ e sei que Deus vai nos abençoar/ enquanto eu já vou guardando o capital/ você vai adiantando o enxoval".

O álbum *Louco Por Você* tem mais do que um dedo de Carlos Imperial. Tem sete: ele assina quatro músicas como compositor e é responsável por três versões. Uma de suas composições é a faixa de abertura, "Não É Por Mim". O bolerão não tem nada de especial para merecer destaque na discografia de Roberto Carlos, a não ser por um motivo: foi por causa dele que o cantor exigiu que o disco fosse retirado de catálogo. E por quê? Há duas razões possíveis e não excludentes.

A primeira é de natureza religiosa. Especula-se que Roberto Carlos teria posteriormente implicado com o trecho da letra que diz: "E se você provar que eu fiz você ficar tão triste/ Eu saberei que existe um céu, que Deus existe". Afinal, a crença cristã, que ele sempre professou, é incondicional, ao contrário do que sugerem os versos. A outra razão é de ordem musical. Nos dois versos que precedem a metáfora sacrílega, Roberto Carlos canta: "Se alguém disse que é por mim que você chora/ eu lhe darei todo o amor que eu sinto agora". O problema é que, ao enunciar esse "agora", ele desafina tanto que até um ouvido pouco treinado identifica algo estranho na melodia. Por uma ou outra razão, o LP permanece excluído dos relançamentos.[32]

O que o ouvinte do início do século 21 perde com isso? Pouca coisa. O valor do álbum é mais documental que intrínseco. O jovem intérprete se mostra inseguro e o repertório não tem unidade de gênero: além do bolero e do *jazz*, há, entre outros ritmos, cha-chachá, balada, samba e bossa nova. A ideia da gravadora era justamente avaliar o que agradava ao público e, a partir daí, direcionar a carreira de Roberto Carlos.

A faixa-título fazia par com "Linda". Em ambas o animado coro "iá-iá-iá" prenunciava o delirante "iê-iê-iê",[33] e colocava Roberto Carlos no rumo da fama.

---

[32] O veto à reedição transformou os exemplares existentes em peças raras de colecionador. Em 2004, o LP custava mais de R$ 3.000 em sebos, segundo a *Folha de S. Paulo* (17/2/2004).

[33] A associação é de Pedro Alexandre Sanches, em *Como Dois e Dois São Cinco* (São Paulo: Boitempo, 2004); p. 25.

2. JOVEM GUARDA

 iê-iê-iê, a versão abrasileirada do *rock*, nasceu de uma brincadeira de Erasmo que Roberto Carlos resolveu levar a sério.

Como muitos de seus amigos roqueiros da Tijuca, Erasmo Carlos gostava de sintonizar a Rádio Metropolitana, que transmitia semanalmente o programa "A Hora da Broadway", com músicas da parada de sucesso nos Estados Unidos.[34] Foi assim que ouviu pela primeira vez "Splish Splash", de Bobby Darin. A música, de 1958, ganhara sobrevida naquele início dos anos 60, tendo sido gravada por Little Richard, por cantoras populares, como a americana Connie Francis e a italiana Rita Pavone, e interpretada pelo próprio autor, no filme *Quando Setembro Vier*.

---

[34] Entrevista de Erasmo Carlos a Marcelo Fróes, Marcos Petrillo e Carlos Savalla, publicada na revista *Playboy* em 2006.

Erasmo gostou tanto da música que, sem compromisso, começou a rabiscar uma versão em português. A letra original fala de um sujeito que, ao sair do banho enrolado na toalha, depara-se com uma turma que dá festa em sua casa e, surpreso, pula de volta para a banheira, fazendo o tal "splish splash" do título. Na letra de Erasmo, o que fez "splish splash" foi "o beijo que eu dei/ nela dentro do cinema" e "o tapa que eu levei/ dela dentro do cinema". Beijos e tapas não fazem "splish splash", mas Erasmo não estava preocupado com a adequação da onomatopeia. "Eu fiz de brincadeira em casa e por acaso o Roberto gostou e gravou", ele contaria mais tarde.[35]

O sucesso deveu-se em grande parte à gravação inovadora. Até então, Roberto Carlos contara apenas com o acompanhamento dos músicos da orquestra da gravadora, a CBS. Competentes e versáteis, eles participavam dos discos de todos os cantores da casa, tocando o que estivesse escrito na partitura – bolero, samba, *fox*, o gênero que fosse.

Com a música jovem, o tratamento não foi diferente, mas dessa vez o velho esquema não funcionou. Por mais que se esforçassem, a música resultava inconvincente. Foi o que aconteceu com "Malena" e "Susie", lançadas em dois compactos em 1962. Nas duas faixas, Roberto Carlos já assumia totalmente a *persona* de cantor de música jovem, mas o esforço da orquestra transparecia, fazendo o *rock*-balada soar caricatural.

Em 1963, com "Splish Splash", pela primeira vez Roberto Carlos teve o acompanhamento de uma banda jovem, Renato e Seus Blue Caps. O contraste com as

---

[35] Marcelo Fróes, *Jovem Guarda em Ritmo de Aventura* (São Paulo: Editora 34, 2000); p. 15.

gravações do ano anterior não poderia ser maior. A levada pulsante da guitarra, a marcação vigorosa da bateria, a interpretação descontraída de Roberto Carlos, tudo isso fazia da gravação um marco. Com ela, surgia o iê-iê-iê.

A etimologia do termo "iê-iê-iê" está dicionarizada como proveniente do inglês *yeah, yeah, yeah*, a partir do refrão da música "She Loves You", dos Beatles. A associação é correta na medida em que traduz a influência do *rock* inglês na música jovem do Brasil. Mas, cronologicamente, o iê-iê-iê precede o *yeah-yeah-yeah*. A adaptação brasileira de "Splish Splash" foi lançada no primeiro semestre de 1963, alguns meses antes de "She Loves You", que só sairia em agosto daquele ano.

O iê-iê-iê nasceu com Roberto Carlos, mas não a música jovem. Enquanto o recém-chegado ao Rio de Janeiro cantava bossa nova em boate, um outro estreante, Sergio Murilo, gravava o primeiro disco voltado para o público jovem. Pouco depois, em 1962, na mesma época em que Roberto Carlos lançava "Malena", sinalizando sua opção pelo gênero jovem, Murilo aparecia na capa de uma revista posando como o rei do *rock* no Brasil – com direito a faixa, coroa e rainha: a cantora Celly Campello, intérprete de "Estúpido Cupido".[36]

O reinado de Sergio Murilo representava um obstáculo para Roberto Carlos. O problema era que ele também tinha contrato com a CBS, e a política da gravadora impedia a canibalização do mercado, com artistas disputando o mesmo nicho. Nesse xadrez empresarial, não havia lugar para dois reis com o mesmo perfil. Na CBS, Roberto Carlos não teria vez na música jovem – a não ser que o acaso interviesse a seu favor.

---

[36] *Revista do Rock*, fevereiro de 1962. A capa está reproduzida no *Almanaque da Jovem Guarda*, de Ricardo Pugialli (Rio de Janeiro: Ediouro, 2006); p. 91.

Foi o que aconteceu quando, no auge da fama, Murilo resolveu enfrentar a CBS. Discordou do repertório que lhe impunham e, mais grave, contestou os números das vendas de discos.[37] Não houve acordo e, em represália, a gravadora não permitiu que ele fizesse novas gravações nem o liberou do contrato, deixando-o na geladeira por dois anos. O fim de Sergio Murilo foi o começo de Roberto Carlos.

O reinado de Roberto Carlos, porém, ainda não passava de um brilho nos olhos do cantor e dos executivos da gravadora. Apesar do relativo sucesso de "Splish Splash", ele ainda não podia se dar ao luxo de descartar os picadeiros de circo onde se apresentava nem de pedir demissão do Ministério da Fazenda, onde trabalhava como datilógrafo. Essa situação só começaria a mudar no final de 1963, com o lançamento do segundo LP.

OS PRIMEIROS SUCESSOS

Comparado à faixa-título, quase todo o restante do LP *Splish Splash* se ressente de uma sonoridade antiquada. A exceção é "Parei na Contramão", que compensa todas as deficiências do LP. Como "Splish Splash", é o equivalente musical a uma história em quadrinhos, já a partir da sonora brecada inicial que remete ao universo juvenil. A velocidade e a transgressão mencionadas na letra têm correspondência na música: o andamento acelerado é interrompido aqui e ali por buzinas e apitos.

---

[37] Araújo, op. cit.; p. 97 e 98.

"Parei na Contramão" fez sucesso. E faria história – é o primeiro trabalho conjunto de Roberto Carlos e Erasmo Carlos, que, a partir dessa música, formariam a mais longeva e profícua parceria da música popular brasileira, e também umas das mais bem-sucedidas. A composição também representa uma mudança no padrão da música jovem. Até então, os brasileiros limitavam-se a fazer versões e adaptações de sucessos internacionais. Com "Parei na Contramão", os dois compositores apostaram na construção de um repertório próprio, sendo seguidos por outros compositores.

Primeiro sucesso nacional de Roberto Carlos, essa música abriu caminho para o LP seguinte, *É Proibido Fumar*, de meados de 1964, mais focado ainda no iê-iê-iê. Nessa fase inicial, o iê-iê-iê se confunde com o *rockabilly*, originalmente um tipo de *rock* tocado pelos brancos no Sul negro dos Estados Unidos. As primeiras gravações de Elvis Presley receberam esse selo, indicador de um *rock* mais acústico e de ritmo marcante, em oposição ao *rock* eletrificado e tributário do *blues*. O auge do gênero se dera na segunda metade dos anos 50, mas, no início da década seguinte, o *rockabilly* ainda estava vivo, presente nas primeiras músicas dos Beatles e em "É Proibido Fumar".

O grande sucesso do disco, porém, era a abertura do lado B: "O Calhambeque". Não seria exagero atribuir a música a Erasmo Carlos. Ele virou pelo avesso a versão original, "Road Hog", do casal Gwen e John Laudermilk, lançada dois anos antes nos Estados Unidos e praticamente desconhecida no Brasil. "Road Hog" significa, literalmente, "porco da estrada", mas na música tem o sentido de "espírito de porco". Em inglês, a letra conta a história de um sujeito que se divertia atazanando motoristas, até que um dia faz isso com o narrador da canção – o xerife que passeava num carro sem identificação. E o calhambeque? E o Cadillac? E as "mil garotas querendo passear comigo"? Nada. Como em "Splish Splash", Erasmo ignorou o original e inventou a letra.

Como se restasse alguma dúvida sobre o público ao qual ele se dirigia, o LP seguinte tinha o título de *Roberto Carlos Canta Para a Juventude*. A ausência de um grande sucesso é compensada pela maior unidade: no conjunto, o disco é mais pop que os dois anteriores. Os ingredientes estão todos lá: clima de desenho animado ("História de um Homem Mau", "Noite de Terror" e "Brucutu"), crônica de aventura motorizada ("Os Sete Cabeludos"), relato irreverente ("Eu Sou Fã do Monoquíni") e romantismo açucarado ("Parei... Olhei", "Aquele Beijo Que Te Dei" e "A Garota do Baile"). Curiosamente, uma das canções que mais resistiram ao tempo não chega a ser uma canção. "Não Quero Ver Você Triste" não é cantada, é falada em sussurro sobre uma evolução harmônica com linha melódica apenas insinuada, suspensa num fio sonoro que se desfaz em assobio.

Ao lançar esse LP, no primeiro semestre de 1965, Roberto Carlos já era, de fato, rei da juventude. Ainda não era rei de direito, porque faltava a coroação. Mas isso logo seria providenciado.

A JOVEM GUARDA

Havia uma questão logística pela frente: Roberto Carlos vivia no Rio de Janeiro e o *rock* acontecia sobretudo em São Paulo.

No Rio, apesar de todo o sucesso de Roberto Carlos, o iê-iê-iê ainda se restringia a um gueto. O gênero, desprezado pela turma da bossa nova, que dominava o ambiente musical carioca, continuava circunscrito a um punhado de jovens suburbanos aficionados do *rock*.

Em São Paulo, o cenário se mostrava mais acolhedor à música jovem. Desde o final dos anos 50, a Rádio Nacional colocava no ar diariamente o programa "Ritmos Para a Juventude", apresentado por Antônio Aguillar. No início dos anos 60, o programa ganhou versão semanal na TV Paulista e, pouco depois, se transferiu para a Excelsior com o nome de "Festival da Juventude". Finalmente, rebatizado de "Reino da Juventude", foi parar na Record, onde teria vida curta.[38] Roberto Carlos se apresentava nesses programas, mas continuava morando no Rio, perto do velho emprego e longe do mercado jovem.

A distância só seria vencida com a decisão da Record de investir mais uma vez em música jovem. A emissora baseava a programação em esportes e musicais. No horário nobre, detinha a liderança, mas nos domingos à tarde a audiência caía. O fim precoce do "Reino da Juventude" abriu um buraco que foi fechado com a transmissão ao vivo dos jogos de futebol de São Paulo. Mas a iniciativa esvaziou os estádios, o que levou a Federação Paulista de Futebol, pressionada pelas equipes, a pôr um fim no acordo. Foi para tapar esse segundo buraco que a Record decidiu colocar no ar a "Jovem Guarda".

Roberto Carlos não foi a primeira opção para comandar o programa. Nem a segunda. Nem a terceira.

---

[38] *Histórias da Jovem Guarda* (São Paulo: Editora Globo, 2005), de Débora Aguillar e Paulo César Ribeiro, a partir das memórias de Antônio Aguillar; p. 77-162.

O primeiro convite foi feito a Sergio Murilo e Celly Campello. Mas ela, já casada, não aceitou – e, sem a rainha, o rei foi descartado. Em seguida, pensou-se em Ronnie Cord e em Demétrius, outros ídolos da garotada. Mas, também casados, eles não podiam mais representar o papel de broto disponível, uma exigência dos idealizadores. A opção seguinte foi Erasmo Carlos, autor de "Festa de Arromba", música que transmitia a descontração que o programa deveria ter. Erasmo foi conversar com a direção da Record e mencionou Roberto Carlos, que seria em seguida aprovado no teste de vídeo. A ideia inicial era o programa ter um casal de apresentadores, com Wanderléa. Mas, como a Record não podia voltar atrás com Erasmo, o triângulo se formou.[39]

Escalados os artistas, faltava ainda definir o nome do programa e o patrocinador. O título que fora escolhido, "Festa de Arromba", teve que ser deixado de lado quando Erasmo assumiu papel secundário. Quem sugeriu "Jovem Guarda" foi o publicitário Carlito Maia, sócio da Magaldi, Maia & Prosperi, agência chamada pela Record para viabilizar o programa.

De onde surgiu a expressão? Há três versões, não necessariamente excludentes. A mais direta é a que joga com a oposição à velha guarda musical. A mais circunstancial é a que aponta o empréstimo do nome de uma coluna de notas sociais.[40] A mais criativa é a do próprio Carlito Maia, que dizia ter se inspirado num discurso de Lênin, o líder da Revolução Russa: "O futuro do socialismo repousa nos ombros da jovem guarda".

A questão do patrocínio, no entanto, exigiria bem mais imaginação por parte do publicitário. Os anun-

---

[39] Araújo, op.cit.; p. 131 e 132.
[40] Ricardo Amaral assinava a coluna "Jovem Guarda" no jornal *Última Hora*.

ciantes se revelaram refratários ao programa. Roberto Carlos ainda não era suficientemente conhecido em São Paulo. E a franjinha do cabelo, o babado da camisa, a atitude transgressiva, nada disso contribuía para a construção da imagem adequada para a venda de certos produtos. A Ovomaltine, interessada em atingir o público jovem, não quis financiar "aqueles cabeludos delinquentes".[41] Outras empresas reagiram de forma semelhante. Os publicitários resolveram, então, bancar o projeto. Lançaram a marca Calhambeque, gerando *royalties* com a venda de todo tipo de produto, de um simples broche a uma vitrola portátil, passando por todos os itens do vestuário.[42] A engenhosidade do *marketing* coincidia com o momento inaugural da segmentação do mercado, com ênfase no jovem consumidor.

Tudo acertado, a "Jovem Guarda" estreou ao vivo em 22 de agosto de 1965, para se tornar em pouco tempo o maior sucesso da televisão brasileira até aquele momento. Com uma hora de duração, o programa não tinha roteiro definido e os números dos muitos convidados nem sempre eram bem ensaiados. Mas Roberto Carlos dominou logo o formato e, carismático diante das câmeras, compensava eventuais falhas.[43]

A espontaneidade era estudada. Gestos e gírias, que ajudavam a compor o ambiente despretensioso, não surgiam no calor do momento. Os gestos vinham dos gabinetes dos assessores, como a ideia de Roberto Carlos se curvar e apontar para a coxia, anunciando a entrada no palco do "meu amigo Erasmo Carlos". Quanto às

---

[41] *Veja*, 30/12/1970.
[42] Mais tarde, o esquema seria ampliado com as franquias Tremendão (de Erasmo Carlos) e Ternurinha (de Wanderléa).
[43] O programa era apresentado em videoteipe no Rio de Janeiro, Belo Horizonte, Porto Alegre e Recife.

gírias, vinham das ruas. "Papo firme" e "barra limpa" são duas das mais conhecidas e datadas. Roberto Carlos teria inventado apenas o bordão "é uma brasa, mora".

A música era apenas um componente da "Jovem Guarda". Havia outros dois: a moda e o comportamento. A moda seguia à risca o visual dos Beatles: paletó sem gola, calças justas e botinhas, além da franja alisada à base da "touca de Nero", feita com meia de *nylon*. E o comportamento se revelava conservadoramente transgressor. Questionava-se menos o casamento na igreja do que a "beca", o terno do noivo.

Muitos artistas se apresentavam na "Jovem Guarda". Com exceção do amigo de adolescência e encrenqueiro Tim Maia, recém-saído da prisão nos Estados Unidos (por porte de drogas) e do rival Ronnie Von, o "príncipe" que comandava um programa concorrente na própria Record, praticamente todos os que faziam música jovem apareciam por lá.[44] Jerry Adriani, Wanderley Cardoso, Martinha, Rosemary, Prini Lorez, as duplas Silvinha e Eduardo Araújo, Leno e Lílian, Os Vips, as bandas Os Incríveis, Renato e Seus Blue Caps, Golden Boys – uma lista bem mais longa que a de "Festa de Arromba".

Na presença de Roberto Carlos, porém, todos eles não passavam de coadjuvantes. A idolatria em torno do rei – a esta altura já rei de direito – equiparava-se à beatlemania, com cenas de histerismo coletivo protagonizadas por adolescentes que disputavam pedaços de sua roupa na saída no teatro. Fazia tempo que o Brasil não produzia cantor de tamanha popularidade. Para uma comparação adequada seria preciso voltar à primeira metade do sé-

---

[44] Tim Maia e Ronnie Von tiveram aparições esporádicas. Uma participação de Tim Maia foi desastrosa. A plateia, mais interessada nos cantores-galãs, o tratou friamente. Decepcionado, Tim Maia saiu do palco para chorar no banheiro, como conta Nelson Motta, seu biógrafo.

culo. "Tal como Orlando Silva, que foi o primeiro ídolo de massa criado pelo rádio no Brasil, Roberto Carlos seria o primeiro criado pela televisão", afirmam Jairo Severiano e Zuza Homem de Mello.[45] De fato, nos anos 30 e 40, o "cantor das multidões" provocava desmaios em suas apresentações. Mas Roberto Carlos, catapultado pela nova mídia, superou Orlando Silva, tornando-se um fenômeno da cultura de massa. Talvez a maior evidência dessa dimensão tenha sido a apropriação de sua imagem tanto pela arte popular como pela de vanguarda.

"Quero Que Vá Tudo Pro Inferno" não demorou para ser glosada em cordel. Em *Carta do Satanás a Roberto Carlos*, um *best-seller* do gênero, Enéias Tavares Santos fala pela boca do missivista: "Meu grande amigo Roberto/ Eu vi o seu novo disco/ É muito bonito, é certo/ Mas cumprindo a sua ordem/ O mundo fica deserto".[46] A partir daí, tenta convencê-lo a não mandar mais gente para o Inferno, pois ele, Satanás, não teria como alimentar tantas bocas. "A conversa [...] é sobretudo uma oportunidade para forte denúncia sobre os problemas que afligem populações pobres", comenta a pesquisadora Jerusa Pires Ferreira, notando que, em nenhum momento, o poeta se queixa da modernização representada pela guitarra elétrica.[47]

A vanguarda seria mais crítica em relação ao ícone da juventude. Em 1966, no auge da "Jovem Guarda", o artista plástico Nelson Leirner, cuja obra é pontuada

---

[45] *A Canção no Tempo*, de Jairo Severiano e Zuza Homem de Mello (São Paulo: Editora 34, 2006, 5ª ed., volume 2); p. 90.
[46] Enéias Tavares Santos, *Carta do Satanás a Roberto Carlos* (São Paulo: Editora Luzeiro); p. 3.
[47] Jerusa Pires Ferreira, em *Comunicação e Sociedade*, nº 13 (junho de 1985); p. 13-15; e também *Seminário de Folclore e Cultura Popular: as Várias Faces de um Debate* (Rio de Janeiro: Ibac, 1992); p. 51-56.

por escândalos, criou um *Altar Para Roberto Carlos*. A instalação, também chamada de *Adoração*, tem ao centro, cercado por santos e santas, a figura em néon do cantor, diante da qual há um genuflexório; na entrada do "altar", uma catraca sugere com humor que a veneração é paga.[48] Leirner, que trabalha na fronteira entre a alta cultura e as expressões comuns, como nota o crítico Agnaldo Farias,[49] comenta, nessa obra, a subversão de hierarquias em decorrência da expansão da cultura de massas. "Em lugar do ícone religioso, é o mito profano que se torna objeto de adoração; em vez de ser espaço para acolhimento do espírito, o 'altar' é transformado em palco para idolatrar um expoente das transformações estéticas correntes", afirma o curador Moacir dos Anjos. A intenção de Leirner parece evidente. "A suposta homenagem ao ídolo popular fica no limite exato que a separa da zombaria, da sugestão do ridículo que é cultuar um artista como um santo".[50]

Roberto Carlos realmente não era santo. Pelo menos, naquela época ele só queria mandar tudo pro inferno.

QUERO QUE VÁ TUDO PRO INFERNO

Dias antes de pisarem pela primeira vez no palco do teatro onde seria realizado o programa dominical,

---

[48] A obra pertence ao acervo do Masp.
[49] Para um perfil de Nelson Leirner, consultar *Arte Brasileira Hoje*, de Agnaldo Farias (série "Folha Explica", São Paulo: PubliFolha, 2002); p. 63-65.
[50] O artigo "Instituições e Formação de Público em um Sistema de Artes Tardio", de Moacir dos Anjos, está disponível em http:forumpermanente.incubadora.fapesp.br.

Roberto e Erasmo Carlos concluíram a música que se tornou o hino da "Jovem Guarda".

"Quero Que Vá Tudo Pro Inferno" começou a nascer no inverno de 1965, quando Roberto Carlos se preparava para participar de um *show*. Com a saudade de uma namorada potencializada pelo frio, o refrão surgiu na hora: "Quero que você me aqueça neste inverno/ E que tudo mais vá pro inferno". A musa passava temporada em Nova York e recebia fitas com músicas de Roberto Carlos. Uma delas, "A Volta", enviada três meses após a partida, era dedicada a ela. A letra traduzia a expectativa de breve retorno: "Estou guardando o que há de bom em mim/ para lhe dar quando você chegar". Mas ela não chegou. Desapontado, Roberto Carlos não gravou a música[51] e continuou sofrendo até explodir em desabafo: "De que vale o céu azul e o sol sempre a brilhar/ Se você não vem e eu estou a lhe esperar/ Só tenho você no meu pensamento/ E a sua ausência é todo o meu tormento/ Quero que você me aqueça neste inverno/ E que tudo mais vá pro inferno". A declaração não convenceu a musa, mas conquistou, em boa parte, o Brasil.[52]

"Quero Que Vá Tudo Pro Inferno" colocou o iê-iê-iê em pé de igualdade com o melhor pop produzido na Inglaterra e nos Estados Unidos, fazendo parecer menores os sucessos anteriores do compositor. E, embora obedecendo ao padrão da música jovem, pautado pela simplicidade harmônica, melódica e

---

[51] "A Volta" foi gravada na época pela dupla Os Vips, tendo chegado às paradas de sucesso. Roberto Carlos a gravaria apenas em 2004, numa versão que foi um dos temas da novela *América*, exibida pela TV Globo em 2005.
[52] As informações sobre o romance constam da biografia não-autorizada de Roberto Carlos. Araújo, op. cit.; p. 118-122.

rítmica, tocou sensibilidades situadas muito além do universo de uma audiência culturalmente desinformada. A música "mantém um pé na 'Jovem Guarda', mas já está toda voltada para o estilo que marcaria para sempre sua presença na canção brasileira", avalia Luiz Tatit, que disseca o fenômeno popular num rigoroso ensaio publicado em *O Cancionista*.[53]

Para Tatit, um dos pontos altos da música é a interpretação: "Roberto coloca a voz num ponto de tensão ideal em que o esforço da emissão reflete seu irresistível comprometimento amoroso". Ele mantém a "voz suspensa numa faixa aguda de tessitura, vibrando como se fosse uma longa duração que consome uma energia de emissão vocal compatível com o grau de sofrimento vivido pelo enunciador". Transmite, assim, a ideia de que está profundamente envolvido com o que diz. O timbre jovem, doce e delicado, de naipe tendendo para o agudo, às vezes nasalado, também avaliza a canção junto ao público. "Enquanto a voz abaritonada inspirava respeito e um romantismo platônico, fundado em versos e ditos poéticos, a voz jovem se manifestava como extensão direta do corpo do cantor, transpirando sensualidade e insinuando um contato físico que a tevê da época reforçava a cada programa".

A dicção do intérprete, acredita Tatit, alimenta o trabalho do compositor. "Tudo começa com a tonalidade menor, mais afeita às excitações psíquicas", escreve ele, referindo-se ao modo que, na psicologia musical, é "mais propenso a representar a tensão disjuntiva: a perda, a ausência, a frustração e todas as paixões terminais de disforia". A partir daí,

---

[53] Tatit, op. cit.; p. 186-200. As citações dos parágrafos seguintes são retiradas do mesmo ensaio.

a canção desenvolve uma preparação passional que visa ao desenlace. O clímax melódico roça o pico da tessitura ("quero que você me aqueça") e descreve a seguir uma curva com sentido ascendente ("neste inverno"), num movimento de tensão passional que Tatit considera um dos mais bem-sucedidos na canção brasileira. E tem mais: "A qualidade desse movimento só se configura plenamente em contraste com a descendência categórica do segmento seguinte" ("e que tudo o mais vá pro inferno"). Para o autor, o feliz encontro desse texto com essa melodia compensa toda a redundância da maior parte da letra.

A sonoridade de "Quero Que Vá Tudo Pro Inferno" é marcada por um órgão estridente, tocado num estilo que se tornaria marca registrada do iê-iê-iê. O instrumento, até então estranho ao universo da música jovem, já tinha aparecido no LP anterior de Roberto Carlos: discretamente em "História de um Homem Mau", sobretudo nos acordes finais; e em primeiro plano em "Não Quero Ver Você Triste". A ideia de usar um instrumento associado mais à música sacra em canções pop surgiu num encontro entre Erasmo Carlos e o organista Lafayette Coelho Vargas Limp. Em meados de 1965, enquanto se preparava para gravar o primeiro LP, Erasmo ouviu Lafayette passar os dedos num órgão que estava encostado no estúdio e, entusiasmado, sugeriu um arranjo diferente, com órgão no lugar do tradicional piano.[54] Roberto Carlos gostou, e resolveu seguir os passos do parceiro. Ao optarem pelo órgão (que aos poucos também substituiu os solos de sax), estavam em fina sintonia

---

[54] Sanches, op. cit., com base em informações no site *Senhor F*; p. 38. E Araújo, op. cit.; p. 116.

com bandas americanas, como The Doors, e inglesas, caso do The Animals, que tinham até organistas em sua formação.[55]

A rebeldia da letra, a melodia contagiante, a interpretação convincente, a modernidade do arranjo, tudo isso fez com que o maior *hit* dos anos 60 provocasse um impacto na sociedade que foi muito além do universo adolescente e do âmbito musical. Não faltou quem fizesse uma leitura política da história de amor contada na letra. A ditadura acabara de completar um ano, e muitos políticos, sindicalistas, estudantes, intelectuais, artistas, a maioria de esquerda, gostariam que o maior ídolo da temporada estivesse do lado deles, usando uma metáfora para mandar os militares para o inferno. Nelson Motta lança um olhar desconfiado sobre essas interpretações: "Tudo pretexto para poder gostar de Roberto Carlos sem parecer simplório nem alienado".[56]

É fato, no entanto, que "Quero Que Vá Tudo Pro Inferno" enfrentou resistência por parte dos conservadores. Várias emissoras de rádio se recusavam a tocar a canção. A Igreja Católica não gostava de ouvir a palavra "inferno" na boca da juventude, mesmo que associada a algo ruim. Assim, de seus setores mais conservadores teria vazado a pressão para que Roberto Carlos compensasse o prejuízo espiritual. Tenha ou não havido a gestão episcopal, é certo que, católico, ele tratou de compor "Eu Te Darei o Céu", faixa de abertura do LP seguinte.

---

[55] Araújo, op. cit.; p. 117 e 166.
[56] Motta, op. cit.; p. 102.

A TRILOGIA

O repertório do Roberto Carlos da "Jovem Guarda" está condensado em três LPs, embora o cantor também apresentasse na televisão músicas de álbuns anteriores.

O primeiro, lançado três meses após a estreia, capitalizou o nome que fora objeto de pesado *marketing*. Com o sucesso do programa alavancando o disco, e vice-versa, *Jovem Guarda* tinha, além de "Quero Que Vá Tudo Pro Inferno", faixas que ocupavam todo o espectro da música jovem. Não faltava romantismo, como "Gosto do Jeitinho Dela" e "Escreva Uma Carta, Meu Amor", nem o indefectível gibi musical, representado por "Pega Ladrão", a historieta do coração roubado, que, afinal, não era um broto, mas "uma joia pendurada num cordão".

As declarações de amor e o passatempo vinham temperados por uma pitada de polêmica. "Não É Papo Pra Mim" não chega a ser contra o casamento; o narrador só está esperando "alguém pra valer" antes de pôr a "argola na mão". Ainda assim, enquanto uns a ouviam como um libelo libertário, outros diziam que Roberto Carlos apenas observava a regra do jogo, clara sobre a necessidade de enfatizar a disponibilidade afetiva do ídolo. O disco fecha com "Mexerico da Candinha", uma resposta às críticas que lhe faziam os conservadores e que eram encampadas por colunas de fofoca da imprensa popular. De que o acusavam? De ser "louco, esquisito e cabeludo", de usar calça justa ("que de ver ela se assusta"), de abusar da gíria ("é preciso maneirar"). Em sua defesa, ele canta: "Viver assim é que é legal".

Roberto Carlos bate na mesma tecla no LP seguinte, e com mais intensidade. O tom não é mais de brincadeira quando ele entoa: "Querem acabar comigo/ nem eu mesmo sei por quê". Pressionado por forças não identificadas (nessa altura sofria ataques à esquerda, como se verá adiante, e à direita), ele reage: "Sou mais forte e para mim não há perigo". E avisa: "Ninguém poderá me destruir".

Esse disco, de 1966, o quarto da carreira e o primeiro intitulado apenas *Roberto Carlos*, abre com o referido aceno à Igreja Católica. Mas o troco vem em "É Papo Firme", sobre a garota avançada que "manda tudo pro inferno/ e diz que hoje isso é moderno". De resto, é um disco repleto de clássicos. "Nossa Canção", de Luiz Ayrão, "Esqueça", de Mark Anthony, em versão de Roberto Côrte Real, e "Eu Estou Apaixonado Por Você", de Roberto e Erasmo, integram qualquer antologia da música romântica dos anos 60. E "Negro Gato", de Getúlio Côrtes, vem desde então se prestando a manifesto étnico e denúncia social ("há tempos eu não sei/ o que é um bom prato/ eu sou o negro gato"), em que pesem as declarações do autor, de que o personagem é mesmo um felino. Uma das faixas mais comentadas do disco foi "Namoradinha de um Amigo Meu", que Roberto Carlos assina sozinho. O foco do falatório, evidentemente, era a identidade da moça, caso a música tivesse, como parecia ter, fundo autobiográfico.

O último LP dessa fase foi lançado no final de 1967, dois meses antes de Roberto Carlos se despedir do programa. *Roberto Carlos em Ritmo de Aventura* repete a fórmula dos dois anteriores e, embora não tenha um sucesso à altura de "Quero Que Vá Tudo Pro Inferno", é por consenso o melhor dos três. Pelo menos metade das faixas são clássicos que chegariam às gerações seguintes, entre elas "Eu Sou Terrível", que marcou a retomada da parceria entre Roberto e Erasmo, após meses de afastamento devido a um mal-entendido. O LP traz ainda as românticas "Como É Grande o Meu Amor Por Você" e "Por Isso Corro Demais", o vigoroso *rock* "Você Não Serve Pra Mim" e "Quando", que antecipa a fase *soul* do início dos anos 70.

O disco precedeu o filme homônimo dirigido por Roberto Farias, o primeiro de uma trilogia. Com argumento do cronista Paulo Mendes Campos, é uma comédia *nonsense* inspirada nas fitas que os Beatles tinham acabado de fazer, *Help!* e *A Hard Day's Night* (traduzido como *Os Reis do Iê-iê-iê*). Perseguido por bandidos internacionais que querem sequestrá-lo, Roberto Carlos foge em disparada pelas ruas do Rio, um roteiro ideal para a trilha sonora que exalta a velocidade.

Salvo pela música, que é a razão de ser do filme, *Roberto Carlos em Ritmo de Aventura* não reflete a "Jovem Guarda". O clima do programa é mais bem captado em *SSS Contra a Jovem Guarda*, de Luiz Sérgio Person, diretor egresso do cinema novo. Iniciado em 1966, com roteiro de Jô Soares e Jean-Claude Bernardet, o filme nunca foi concluído, mas algumas cenas da "Jovem Guarda" foram aproveitadas no documentário *Person*, de Marina Person, filha do cineasta morto em 1976. É um documento raro, pois quase todo o acervo da Record foi destruído em incêndios.

Roberto Carlos se lembraria enternecido da "Jovem Guarda" dez anos mais tarde, em "Jovens Tardes de Domingo", balada nostálgica sobre aqueles tempos de "guitarra, sonhos e emoções", que, para ele, terminaram em 17 de janeiro de 1968, quando, antecipando-se à crônica da morte anunciada do programa, apresentou-o pela última vez.

OS CRÍTICOS

O enorme sucesso da "Jovem Guarda" colocou o programa e seu apresentador na mira de intelectuais de vários matizes ideológicos e críticos de diferentes campos estéticos.

O ataque dos conservadores, como se viu, centrava-se em questões morais e de costume. Eram vozes que, aos poucos, iam perdendo intensidade. De um lado, o mundo mudava, e Roberto Carlos não passava de porta-voz dessas mudanças. De outro, o *establishment* logo percebeu que o compositor tinha convicções que, apesar da aparência extravagante, o colocavam do lado da ordem. Ao contrário de ídolos americanos e ingleses, Roberto Carlos falava abertamente contra as drogas, para citar um único exemplo. Assim, para que implicar com o cabelo e os adereços?

À esquerda, no entanto, havia fogo cerrado contra tudo o que a "Jovem Guarda" representava. A ascensão de Roberto Carlos coincidiu com os primórdios do regime militar. O golpe polarizou a sociedade. Quem não era contra era a favor — não havia espaço para meio-termo. Entre os jovens, o leque de opções só se abriria anos mais tarde, com o endurecimento do regime. O paradoxo é só aparente: embora os militares fossem ainda mais execrados, o bloqueio dos canais institucionais de oposição empurrou uns para a luta armada, outros para o exterior, enquanto muitos "desbundavam", como se dizia dos que descobriam as drogas. Mas, durante a "Jovem Guarda", que aconteceu antes do AI-5,[57] tolerava-se a contestação — daí a co-

---

[57] O Ato Institucional nº 5, de 13 de dezembro de 1968, suspendeu garantias individuais, impôs a censura prévia e jogou o país no período de maior repressão da ditadura.

brança a Roberto Carlos, por sua atitude considerada politicamente alienada.

Um dos julgamentos mais duros da "Jovem Guarda" parte do crítico José Ramos Tinhorão. "A mobilização dessa massa de jovens, no sentido do culto frenético de ídolos fabricados pela indústria do lazer [...], revelava-se a calhar para os objetivos do poder militar recentemente instaurado", escreve ele em *História Social da Música Popular Brasileira*.[58] "A concordância do cantor para essa encenação artístico-comercial foi fácil de obter, pois Roberto Carlos, então com 22 anos [...] apresentava uma qualidade pessoal indispensável para o sucesso do empreendimento, inclusive no campo ideológico, que era no momento o que mais interessava ao poder militar: alheio em princípio à política por seu individualismo, era por isso mesmo com os conservadores e oportunistas que mais se identificava."[59]

Tinhorão tem obra vasta e erudita como historiador da música brasileira, mas o radicalismo de suas posições nacionalistas o deixaria mais tarde praticamente isolado no debate cultural. O crítico nunca aceitou como brasileiros movimentos como a bossa nova e o tropicalismo, ambos, segundo ele, reverentes ao "imperialismo americano" por terem bebido nas fontes do *jazz* e do *rock*, respectivamente. Nos anos 60, no entanto, Tinhorão não estava falando sozinho quando depreciava a "Jovem Guarda".

Maior estrela da música brasileira na época, Elis Regina endossava a condenação aos jovens roqueiros.

---

[58] *História Social da Música Popular Brasileira*, de José Ramos Tinhorão (São Paulo: Editora 34, 1998); p. 336.
[59] Idem, p. 338.

A cantora apresentava na TV Record "O Fino da Bossa", programa que valorizava a música de raízes nacionais, como o samba, ainda que fosse um samba modernizado pela mistura do *jazz*. No início de 1966, ao voltar de uma viagem de quase três meses pela Europa, Elis surpreendeu-se com a enorme popularidade do iê-iê-iê, e reagiu com veemência, chamando o *rock* brasileiro de "submúsica que deforma a mente da juventude".[60] Nos bastidores da Record, onde a "Jovem Guarda" desbancara "O Fino" em termos de audiência, um cartaz apócrifo declarava guerra, ao terminar com a seguinte convocatória: "Unam-se todos contra o inimigo comum: o iê-iê-iê".[61] A batalha seria perdida: "O Fino da Bossa" saiu do ar em junho de 1967, enquanto a "Jovem Guarda" se manteria em pé. A guerra, no entanto, mal começara.

Tinhorão e Elis não expressavam apenas opiniões pessoais. Eles verbalizavam a desaprovação dos cultores da MPB à "Jovem Guarda". Aliás, data dessa época a adoção da sigla MPB para se referir a esse tipo de música popular brasileira. "A Roberto Carlos deve-se a institucionalização da sigla", afirma Paulo Cesar de Araújo. "Foi por causa do enorme sucesso dele que o ambiente da música popular de então se armou defensivamente".[62]

O palco da disputa se ampliou. Primeiro, com os festivais, que galvanizaram a cena musical na segunda metade dos anos 60. Lá, a MPB, com a claque mais barulhenta, em geral levava a melhor. Em setembro de

---

[60] Fróes, op. cit.; p. 89. As declarações foram dadas à revista *Intervalo*. Embora a cantora tivesse mais tarde reclamado da publicação, nunca houve dúvida de que aquela era a sua opinião.
[61] Zuza Homem de Mello, *A Era Dos Festivais – Uma Parábola* (São Paulo: Editora 34, 2003); p. 119.
[62] Araújo, op. cit.; p. 169.

1967, por exemplo, Roberto Carlos foi vaiado no festival da Record ao defender "Maria, Carnaval e Cinzas", apesar de o samba de Luiz Carlos Paraná versar sobre um tema social, a mortalidade infantil, personificada na menina do título, que viveu apenas os três dias de folia. O outro palco da disputa estética e ideológica tinha sido o programa "Frente Única", substituto de "O Fino". Em julho de 1967, para promover o programa, um grupo de artistas saiu às ruas de São Paulo numa manifestação a favor da MPB. Apoiado pela Record, o evento ficaria mais conhecido como a "passeata contra a guitarra elétrica". Entre os artistas, lá estavam Elis, Gilberto Gil, Edu Lobo e Jair Rodrigues, além de Geraldo Vandré, que, expoente da música de protesto, exerceu certa liderança no "Frente Única".

Roberto Carlos, a partir do final dos anos 60, teria o talento artístico reconhecido pela maioria, inclusive por muitos de seus críticos de primeira hora, como se verá no próximo capítulo. Mas a "Jovem Guarda" nunca se livraria dos estigmas que se lhe impingiram. É ilustrativo dessa percepção o artigo publicado por Marcelo Coelho, em 1993, por ocasião das comemorações dos 25 anos do fim do programa.[63] Do ponto de vista do comportamento, a "Jovem Guarda", escreveu Coelho, "simulava um espírito de contestação completamente conformista". Da perspectiva sociológica, foi "a vingança da classe média baixa contra a classe média alta [...] o movimento dos *boys* da Casa Verde contra os estudantes do Pacaembu [...] estes de esquerda". Culturalmente, "marcou a entrada dos incultos, dos bárbaros, dos tipos permeáveis a qualquer influência do *rock* americano", que faziam letras "analfabetas" com erros de regência, tais

---

[63] "Jovem Guarda Era Pura na Própria Cretinice." *Folha de S.Paulo*, 27/1/1993.

como "eu estou a lhe esperar".[64] E, claro, teve a dimensão política: "A 'Jovem Guarda' foi fruto de uma ruptura, a de 1965. Com o golpe, todo o processo de refinamento cultural-popular se perdeu".

Sociólogo, Marcelo Coelho identifica na "Jovem Guarda" um movimento de massa, e, ao deixar de pé uma única pedra do castelo do rei do iê-iê-iê, conclui: "Nenhum triunfo de massas é ruim em si". Para quem achava o programa um "lixo", o que se salvaria? O fato de ter aberto caminho para o tropicalismo, aspecto que antecipa um dos argumentos dos primeiros avalistas de Roberto Carlos.

OS AVALISTAS

O primeiro crítico de peso a elogiar Roberto Carlos foi Augusto de Campos. Em meados de 1966, quando a "Jovem Guarda" enfrentava a bateria de críticas devastadoras, o ensaísta cultural antenado com as vanguardas chamou a atenção para o estilo de cantar de Roberto Carlos, comparando-o favoravelmente ao de Elis.[65] Campos

---

[64] A propósito desses erros, duas observações. Primeira: o próprio Roberto Carlos admitiria a deficiência ao mencionar "os erros do meu português ruim" em "Detalhes". Segunda: 40 anos mais tarde, o poeta Glauco Mattoso publicaria um soneto alusivo a letras da "Jovem Guarda", como se fosse o próprio Roberto Carlos se defendendo: "Eu, junto com Erasmo e com Edu/ E os ali da banda, que é da hora,/ João, Paulo, Ricardo e Jorge, agora/ A nova geração pomos a nu.// [...] Eu quero é que vá tudo para o inferno!/ Se a nossa letra é pobre, recheada/ de 'mesmo' e de 'eu lhe amo', isso é moderno!". O soneto "Sobre um Papo Firme" pode ser lido na íntegra em sonetodos.sites.uol.com.br.
[65] *Balanço da Bossa e Outras Bossas* (São Paulo: Editora Perspectiva, 1986, 4ª ed.); p. 51-65. A coletânea reúne, entre outros escritos, os dois artigos sobre a "Jovem Guarda" publicados no jornal *Correio da Manhã*, em junho e outubro de 1966.

não tira o mérito de Elis, que "extroverteu" a bossa nova. O problema, diz, foi ter exagerado. Roberto Carlos, ao contrário, cantava com "espantosa naturalidade", de forma despojada, sem "expressionismos interpretativos". Ou seja, mais próximo de João Gilberto – e a associação aqui é positiva, ao contrário da que se fazia quando Roberto Carlos, no início da carreira, tentava simplesmente imitá-lo.

A crítica mais consistente que se faz à "Jovem Guarda" é a de que ela representou uma regressão em termos musicais, em relação ao que fora a bossa nova dez anos antes. O rico universo das dissonâncias se viu reduzido aos três acordes básicos. E o ritmo sincopado inventado por João Gilberto se transformou numa batida previsível. Tudo isso é fato. Mas a comparação mais pertinente talvez seja entre o que faziam, na mesma época, a "Jovem Guarda" e os que reivindicavam a herança da bossa nova. Para Augusto de Campos, a "Jovem Guarda" "deglutia" um estilo internacional, trazendo informação nova em matéria de música popular. "A maior parte não compreendeu que o iê-iê-iê sofreu uma transformação na sua tradução brasileira, que não é, nos seus melhores momentos, mera cópia do estrangeiro", avalia ele. Quanto à bossa nova, vivia um período de "diluição e descaracterização de si mesma".

No meio musical, o primeiro apoio de prestígio a Roberto Carlos partiu de Sylvia Telles. Intérprete pioneira de canções de Tom Jobim, Sylvia gravava os compositores modernos do grupo original da bossa nova, mas tinha independência suficiente para, em meados de 1965, apresentar uma música de Roberto Carlos num *show* de MPB. Sylvinha cantou "Não Quero Ver Você Triste" em versão bossa-novista e, assim que o público percebeu tratar-se de uma canção de Roberto Carlos, foi vaiada. Mas a precedência de Sylvia Telles não chegou a impactar a "Jovem Guarda", até porque, com a morte da cantora em 1966, num acidente automobilístico, não teria continuidade.

Assim, o papel de principal avalista de Roberto Carlos acabou sendo desempenhado por Caetano Veloso. Em 1965, o futuro tropicalista ainda convivia com os estudantes, artistas e intelectuais que torceram o nariz para a audácia de Sylvinha Telles. Nessa época, Caetano frequentava o Teatro Jovem, no Rio, onde semanalmente havia sessões de debates sobre a MPB. "A ênfase caía quase sempre na defesa das nossas tradições nacionais contra a internacional americanização", afirma Caetano.[66] Embora prevalecesse na turma a "flexibilização das posturas ortodoxas da esquerda nacionalista [...] todas as discussões eram permeadas pelas ideias da arte nacional-popular, cultivadas, desde antes do golpe de Estado, no Centro Popular de Cultura da UNE [União Nacional dos Estudantes], e pelas exigências estéticas dos harmonicamente sofisticados filhos da bossa nova".

Quem chamou a atenção de Caetano Veloso para a música de Roberto Carlos foi Maria Bethânia, sua irmã. "Bethânia, cujo não-alinhamento com a bossa nova a deixava livre para aproximar-se de um repertório variado, me dizia explicitamente que seu interesse pelos programas de Roberto Carlos – que ela me convidava a partilhar – se devia à 'vitalidade' que exalava deles, ao contrário do que se via no ambiente defensivo da MPB respeitável", escreve Caetano.[67]

O comentário de Bethânia data do início de 1967. Até então, Caetano mantinha distância do universo pop, sem prestar atenção ao que faziam Roberto Carlos ou

---

[66] *Verdade Tropical* (São Paulo: Companhia das Letras, 1997); p. 120.
[67] Veloso, op. cit.; p. 121.

mesmo os Beatles. Influenciado desde a adolescência pela bossa nova de João Gilberto, achava tudo aquilo muito pobre e comercial, embora se interessasse, intelectualmente, pela cultura de massa, a partir da leitura do sociólogo francês Edgar Morin. Foi ele, diz Caetano, quem "abriu o caminho em minha mente para o entendimento que eu futuramente viria a ter da arte pop".[68]

Previamente estimulado por Morin, o compositor seguiu o conselho da irmã, viu a "Jovem Guarda", e gostou. A partir daí começou a se afastar da MPB. Em julho daquele ano, Caetano não participou da "passeata contra a guitarra elétrica", assistindo à manifestação de uma janela do hotel Danúbio, que seria transformado em QG do tropicalismo. Na companhia de Nara Leão, Caetano comentou que aquilo era "esquisito". E Nara: "Esquisito? Isso aí é um horror! Parece manifestação do Partido Integralista. É fascismo mesmo!"[69]

Convencido pelos argumentos de Morin, pela intuição de Bethânia e pela firmeza de Nara, Caetano romperia com essa ala da MPB na semana seguinte. Numa das edições do programa "Frente Única", a principal linha de defesa da MPB, Caetano arquitetou uma homenagem a Roberto Carlos. Escreveu um texto para ser lido por Bethânia, antes que ela cantasse, não por acaso, "Querem Acabar Comigo". "Era uma consideração da força mitológica da figura de Roberto Carlos, de sua significação como vislumbre do inconsciente nacional, de como ele era, comoventemente, 'a cara do Brasil' de então".[70] O plano, descoberto por um

---

[68] Veloso, op. cit.; p. 112.
[69] Carlos Calado, *Tropicália – A História de Uma Revolução Musical* (São Paulo: Editora 34, 1997); p. 109.
[70] Veloso, op. cit.; p. 162.

enfurecido Geraldo Vandré, não foi levado adiante, mas a partir daí os caminhos de Caetano Veloso e Roberto Carlos estariam para sempre entrecruzados.

O tropicalismo, que durou de outubro de 1967 a dezembro de 1968, propôs uma antropofagia cultural, nos moldes idealizados 40 anos antes pelo modernista Oswald de Andrade. Não foi um movimento apenas musical. Esteve conectado ao cinema novo de Glauber Rocha, ao teatro experimental de José Celso Martinez Corrêa, à poesia concreta dos irmãos Augusto e Haroldo de Campos e às artes plásticas de Hélio Oiticica, cuja instalação *Tropicália* daria nome ao movimento. Elemento catalisador, a música sugeria uma colagem de gêneros, arcaicos, modernos, eruditos, populares e de massa. Havia ruptura, mas também intenção de continuidade. "Eu tinha consciência de que estávamos sendo mais fiéis à bossa nova fazendo algo que lhe era oposto", escreveu Caetano.[71]

A contribuição da "Jovem Guarda" foi ter minado o campo acústico da MPB, com a introdução da guitarra elétrica, resgatado a espontaneidade da interpretação e até regredido para uma simplicidade harmônica, como a que se observa na música que lançou o movimento, "Alegria, Alegria", em que Caetano opta por uma justaposição de acordes perfeitos, à moda do iê-iê-iê. Apresentada algumas vezes na "Jovem Guarda", a canção tropicalista não chegou a ser um corpo totalmente estranho no programa.

O reconhecimento de Caetano Veloso a Roberto Carlos está explicitado nos dois primeiros álbuns do tropicalismo, ambos de 1968. Em "Baby", incluída em *Tropicália*, Gal Costa canta ser preciso "ouvir aquela

---

[71] Veloso, op. cit.; p. 168.

canção do Roberto". E em *Caetano Veloso*, a faixa "Tropicália" cita a tal canção: "O monumento é bem moderno/ Não disse do modelo do meu terno/ Que tudo mais vá pro inferno, meu bem".

Naquela altura, porém, Roberto Carlos não estava mais mandando ninguém pro inferno. Ele não queria mais ser apenas rei da juventude. Ele queria ser rei. Ponto.

1975

3. ESTE MOMENTO LINDO

La festa appena cominciata é già finita. O primeiro verso de "Canzone Per Te" bem que poderia servir de epitáfio para a "Jovem Guarda". No final de 1967, na despedida de Roberto Carlos, o programa mal havia completado dois anos. "A festa nem bem começou já terminou", dizia a canção. E nem bem a festa terminou, o anfitrião já estava fora, a caminho de San Remo, na Itália, onde daria o primeiro passo para se tornar o maior cantor romântico do Brasil.

Localizado na elegante Riviera italiana, o balneário de San Remo abrigava um dos mais importantes festivais de música do mundo. Para estarem lá, artistas populares e de prestígio, como o americano Louis Armstrong e a francesa Françoise Hardy, submetiam-se à regra do festival, de cantar em italiano em companhia de um intérprete local. Roberto Carlos não tinha um pingo da fama de outros candidatos estrangeiros. Naquela altura, ele já atravessara a fronteira do Brasil, mas só era conhecido na América Latina, tendo gravado um único disco em espanhol, *Roberto Carlos Canta a la Juventud*, em 1964. Ainda assim, foi convidado a defender a canção de Sergio Endrigo e Sergio Bardotti.[72] Aplaudido pelo público e elogiado pelo júri, Roberto Carlos foi o primeiro colocado.

Na volta ao Brasil, a recepção ao cantor foi comparável à que haviam tido as seleções de futebol campeãs do mundo, em 1958 e 1962. Milhares de pessoas se aglomeraram durante horas no aeroporto de Congonhas, em São Paulo, para vê-lo desembarcar. Bombeiros o carregaram nos ombros.[73] "Canzone Per Te" significara a consagração de um novo intérprete. "É uma das músicas mais importantes na minha carreira", afirmou Roberto Carlos, ciente de que a canção seria um divisor de águas.[74]

O brasileiro já tinha alguma familiaridade com a música italiana, embora nunca tivesse gravado nessa língua. O fato é que, durante a "Jovem Guarda", os momentos românticos, prenunciadores da fase seguinte de sua carreira, denunciavam a influência das canções melosas que gravavam cantores como Pepino di Capri, Nico Fidenco e o próprio Sergio Endrigo. "Roberto Carlos realizou um oportuno sincretismo do iê-iê-iê romântico [...] com as baladas italianas que inundavam as paradas de sucesso dos anos 60", afirma Luiz Tatit.

---

[72] Antes de sair do Brasil, Roberto Carlos tinha deixado pronta uma gravação de "Canzone Per Te", a ser lançada em compacto para aproveitar a exposição que teria em San Remo, mesmo que não vencesse. Os autores, no entanto, mudaram a letra na última hora, obrigando Roberto Carlos a decorar parte da letra na véspera. A gravação seria incluída no LP *San Remo – 1968*, lançado em 1976. Quanto à versão apresentada no festival, está disponível em vídeo no YouTube.

[73] Reportagem da revista *O Cruzeiro*, 2 de março de 1968, reproduzida parcialmente no site oficial do cantor.

[74] A declaração consta do texto de contracapa de *San Remo – 1968*.

"Resultou daí uma obra latinizada, simples e contagiante, sobretudo do ponto de vista afetivo, com um poder persuasivo fulminante, que invadiu [...] todas as faixas etárias e sociais."[75]

O ano de 1968, em que rebeldia e repressão mediram forças mundo afora, seria inesquecível para aqueles que eram então jovens. Nos Estados Unidos, com intervalo de dois meses, foram assassinados o líder negro Martin Luther King, ativista dos direitos civis, e Bob Kennedy, pré-candidato democrata à presidência, aumentando os protestos num país atolado na impopular guerra do Vietnã. Na Tchecoslováquia, tanques soviéticos esmagaram a efêmera Primavera de Praga, o "socialismo com face humana". Na França, os violentos choques entre policiais e estudantes terminaram dando mais poder ao governo conservador. No Brasil, o ano, que começou com protestos pela morte de um estudante, testemunhou a escalada da repressão que desaguaria no decreto do AI-5.

Para Roberto Carlos, 1968 também seria inesquecível. Mas talvez ele não tenha tido tempo de prestar muita atenção ao que acontecia à sua volta – e, se prestou, não deixou que isso se refletisse em sua música. A realidade é que ele estava mais preocupado com o casamento com Cleonice Rossi, a Nice. Para ela, havia feito "Como É Grande o Meu Amor Por Você" e várias outras sobre o amor distante, que integravam a trilha sonora do filme que estava em cartaz.

Mas como "distante", se eles eram noivos e moravam na mesma cidade? É que, como os compromissos profissionais de Roberto Carlos não permitiam que

---

[75] Tatit, op. cit.; p. 188.

ele assumisse publicamente o romance, nem sempre podiam se ver. Seu coração, por contrato, era das fãs. Ao casar, Roberto Carlos enfrentou dois tabus. Um era profissional: ídolos não deveriam nem namorar, quanto mais casar.[76] O outro tinha dupla natureza, religiosa e legal: Nice era desquitada. Como não poderiam se casar no Brasil (a lei do divórcio só seria aprovada dez anos mais tarde), realizaram a cerimônia em Santa Cruz de la Sierra, na Bolívia.

A "Jovem Guarda" – que continuaria no ar até junho, um mês após o casamento, apresentada por Erasmo Carlos e Wanderléa – parecia muito distante. Mas essa fase só começaria a ficar definitivamente para trás no final daquele ano, quando Roberto Carlos lançou o LP *O Inimitável*,[77] trocando o iê-iê-iê pela *black music*.

BLACK MUSIC

O interesse de Roberto Carlos pelo *soul* vinha de algum tempo. No ano anterior, a gravação de "Quando" já trazia alguns elementos da *black music* americana. Tratava-se ainda de *rock*, mas o final das frases musicais vinha arrematado pela vigorosa resposta dos metais, típica da *soul music*. De qualquer maneira, são fluidas as fronteiras entre *soul* e *rock*. Ambos os gêneros derivam do *blues*,

---

[76] Ronnie Von, por exemplo, atribui o fim de sua carreira à notícia, veiculada com defasagem de dois anos, de que tinha se casado.
[77] O título acusa o golpe desferido por Paulo Sérgio (1944-81), que fez grande sucesso na época do fim da "Jovem Guarda" imitando Roberto Carlos. Paulo Sérgio é considerado um dos precursores do estilo brega.

e o *soul* agrega também a influência do *gospel* cantado originalmente em igrejas dos Estados Unidos.

Roberto Carlos tinha suas preferências. Gostava de ouvir James Brown, o "rei do *soul*"; Ray Charles, que no começo da década fizera sucesso com "Hit The Road, Jack"; e Otis Reading, morto num acidente aéreo em fins de 1967, no auge da fama, quando era considerado a versão masculina de Aretha Franklin, a cantora mais identificada com o *gospel*.[78] Também admirava Dionne Warwick, que participara com ele do festival de San Remo.

Roberto Carlos estava obcecado pelo *soul*. Pelo menos, foi essa a impressão que deixou no psicanalista Roberto Freire, que escreveu um perfil do cantor para a revista *Realidade*, a publicação que mais de perto acompanhava as mudanças culturais e comportamentais da segunda metade dos anos 60. "O que faz os negros serem sempre melhores artistas do que a gente?", perguntou ao entrevistador. Ele planejava até fazer uma música para desenvolver o tema "eu queria ser negro", e chegou a convidar o articulista para ser seu parceiro.[79] Embora a música não tenha ido além do plano inicial, o mergulho na *black music* foi profundo.

Ao se voltar para o *soul*, Roberto Carlos confluía para uma tendência da música brasileira que se tornaria forte no início dos anos 70. Emblemática dessa fase foi a música "Black Is Beautiful", de Marcos e Paulo Sérgio Valle, gravada por Elis Regina. Foi nessa época

---

[78] Os cantores foram citados por Roberto Carlos em entrevista à revista *Veja* (10/12/1969).
[79] *Realidade*, novembro de 1968. Roberto Freire era também escritor. Seu romance *Cleo e Daniel*, lançado dois anos antes, ainda era muito lido na época da entrevista. Em 1980, ele publicaria *A Mulher Que Devorou "Roberto Carlos"*, romance em que aborda comportamentos patológicos de fãs do cantor.

também que Tim Maia começou a fazer sucesso, mostrando tudo o que aprendera nos anos passados nos Estados Unidos. O *soul* misturava-se a ritmos brasileiros. Nelson Motta considera "Coroné Antonio Bento", de Luiz Wanderley, gravado por Tim Maia, o primeiro xaxado-*soul* da música brasileira; quanto a "Madalena", o primeiro *hit* de Ivan Lins na voz de Elis Regina, seria um samba-*soul*, na definição do crítico.[80]

Com quatro faixas de *black music*, O Inimitável estava um passo à frente desses grandes sucessos. A que mais abertamente assumia a influência *soul* era "Não Há Dinheiro Que Pague", em que, além dos metais estridentes e do baixo com muito suingue, há um coro de vozes femininas que ecoa o "não" do título. Os mesmos elementos também estão presentes, com menos intensidade, em "Ciúme de Você" e "Eu Te Amo, Te Amo, Te Amo", esta uma das melhores faixas de um LP que, no conjunto, superava os trabalhos anteriores em criatividade e sofisticação.

Entre as filiadas à *black music*, o maior destaque coube a "Se Você Pensa". O vigor do arranjo tem paralelo na letra, uma declaração de amor que começa com advertência ("Daqui pra frente/ Tudo vai ser diferente/ Você tem que aprender a ser gente") e termina com ultimato ("Você tem a vida inteira pra viver/ E saber o que é bom e o que é ruim/ É melhor pensar depressa e escolher/ Antes do fim"). Sucesso na interpretação de Roberto Carlos, a música foi gravada no ano seguinte por Elis Regina, que a partir daí enterraria o antagonismo entre eles, que ela alimentara nos tempos da "Jovem Guarda". Consolidada na posição de melhor cantora do Brasil, Elis abriu as portas da MPB a Roberto Carlos e

---

[80] *Vale Tudo – O Som e a Fúria de Tim Maia* (Rio de Janeiro: Objetiva, 2007); p. 83 e 86.

Erasmo Carlos, que passaram a ter suas músicas gravadas por um maior número de cantores. A mesma música seria gravada no mesmo ano por Gal Costa e Maysa.

O Inimitável foi o primeiro de uma trilogia *soul*. No LP seguinte, mais três faixas davam continuidade ao trabalho: "Nada Vai Me Convencer", de Paulo César Barros, "Não Vou Ficar", de Tim Maia, e "As Curvas da Estrada de Santos", que desde então integraria qualquer antologia da música brasileira. A música promoveu, e foi promovida, pelo filme *Roberto Carlos e o Diamante Cor-de-Rosa*, mais uma produção de Roberto Farias explorando o filão aberto pelos Beatles. Mas, novamente, foi a gravação de Elis Regina que ajudou a consagrar a canção.

O último LP da trilogia só tem uma música em que se pode pregar a etiqueta *black music*, mas ela vale pelo disco todo. Entusiasmado hino religioso, em que não falta nem mesmo a marcação sincopada de palmas, "Jesus Cristo" soa como se tivesse sido gravada durante um culto numa igreja do Harlem, o tradicional bairro negro de Nova York. A figura de Jesus Cristo, dissociada da estrutura hierárquica da igreja, estava em voga naquele início dos anos 70, apropriada de forma vagamente mística por movimentos pacifistas, entre eles os *hippies*. Roberto Carlos nunca foi *hippie*, embora tenha adotado o visual durante pouco tempo. Ainda assim, é provável que com "Jesus Cristo" tenha se deixado levar pela atmosfera da contracultura. A composição foi inspirada em "Jesus Christ, Superstar", a música de Lloyd Weber e Tim Rice que daria origem à opera-*rock* homônima.[81]

Além do *soul*, esses três discos, lançados entre 68 e 70, também tinham várias músicas românticas.

---

[81] Sobre a referência à ópera-*rock*, ver Severiano e Homem de Mello, op. cit.; p. 154.

Algumas não destoam das canções anteriores. É o caso de "E Não Vou Mais Deixar Você Tão Só" e "Quero Ter Você Perto de Mim". Outras, porém, revelam que alguma coisa estava mudando no trabalho do compositor. "As Flores do Jardim da Nossa Casa", de 1969, está para o compositor como "Canzone Per Te" está para o intérprete. O próprio Roberto Carlos diria que a música foi um marco que separou as composições "despreocupadas" das "profundas".[82] O disco traz ainda "Sua Estupidez", em que Roberto Carlos canta o amor pelo avesso.

Roberto Carlos sempre fez músicas românticas, fosse iê-iê-iê ou *soul*. "Eu Te Amo, Te Amo, Te Amo" é tão *black* quanto romântica. "A *soul music*", avalia o próprio Roberto Carlos, "foi uma ponte para a fase mais romântica da minha carreira".[83]

MUITO ROMÂNTICO

O disco lançado em dezembro de 1971 fixaria para sempre a imagem de Roberto Carlos como cantor e compositor romântico. Aos 30 anos, ele passa a se dirigir ao público mais maduro. Há ainda dois *souls* com os quais ele praticamente se despede da *black music* ("Eu Só Tenho um Caminho" e "Todos Estão Surdos"), porém o que domina o disco são as baladas. "Se Eu Partir", de Fred Jorge, e principalmente "A Namorada", de Carlos Colla, são boas músicas do

---

[82] Araújo, op. cit.; p. 437.
[83] Entrevista disponível em áudio no *site* oficial do cantor. Não há indicação da data em que foi feita.

gênero. Mas as composições com Erasmo Carlos é que sobressaem.

Uma delas, "De Tanto Amor", lembra as canções de Dolores Duran. A autora de clássicos como "Por Causa de Você" (parceria com Tom Jobim) e "A Noite do Meu Bem", que morreu em 1959, aos 29 anos, devido a um distúrbio cardíaco, fora referência importante para Roberto Carlos no início da carreira. Cantando os sofrimentos do amor, Dolores tinha predileção por um "ah!" que estabelecia de saída o clima de fossa: "Ah! Você está vendo só/ Do jeito que eu fiquei/ E que tudo ficou". Pois Roberto Carlos começa "De Tanto Amor" com a mesma expressão: "Ah! Eu vim aqui amor/ Só pra me despedir/ E as últimas palavras desse nosso amor/ Você vai ter que ouvir".[84]

O fato de essa música não ser a mais conhecida do disco apenas comprova o nível de excelência do LP. A faixa seguinte, "Amada Amante", é muito mais identificada com o início dessa fase. A música data do período em que Roberto Carlos tentava driblar legislações e burocracias para ter seu casamento com Nice oficialmente reconhecido: "Esse amor sem preconceito/ Sem saber o que é direito/ Faz as suas próprias leis". Naquele início dos anos 70, a palavra "amante" tinha conotação pejorativa. O título acabou passando pela censura do período mais duro do regime militar, mas a canção não ficou incólume. Na letra original havia o uso da palavra "amor" no sentido de "sexo": "Que manteve acesa a chama/ que não se apagou na cama/ depois que o amor se fez". A música seria liberada com o trecho modificado: "Que manteve acesa a chama/ Da verdade de quem ama/

---

[84] O paralelo entre Roberto Carlos e Dolores Duran está estabelecido em Araújo, op. cit.; p. 411.

Antes e depois do amor".[85] O sentido de "amor" era o mesmo, mas, disfarçado pela ambiguidade, passou pela censura.

Das canções românticas do disco, a que mais colou no repertório de Roberto Carlos foi "Detalhes".[86] Se ele não a inclui em um *show*, o público se encarrega de exigir, e canta junto. A música inverte a lógica narrativa da dor-de-cotovelo, tornando-a por isso mesmo mais pungente. O amante abandonado não se lamenta de maneira direta. Ao contrário, manifesta a convicção de que será lembrado por ela. O que faz da música uma obra-prima do romantismo é a capacidade de sugerir certa melancolia, quando o tom afirmativo ("não vá dizer meu nome sem querer/ à pessoa errada") poderia parecer de uma arrogância despropositada.

Como Roberto Carlos e Erasmo Carlos conseguem esse resultado? A chave, na análise de Luiz Tatit, é a expressão do sentimento de ausência que perpassa toda a canção.[87] Quando a letra enuncia a falta que faz a ex-parceira – "detalhes tão pequenos de nós dois/ são coisas muito grandes pra esquecer" – a melodia atinge o ponto mais agudo, transmitindo toda a tensão passional do texto. É nessa combinação que repousa o poder persuasivo da música. Não fosse assim, "o mote 'você vai lembrar de mim' poderia soar até como maldição".

Até a metade dos anos 70, Roberto Carlos conseguiu a proeza de encorpar o repertório romântico

---

[85] Rodrigo Faour, *História Sexual da MPB – A Evolução do Amor e do Sexo na Canção Brasileira* (Rio de Janeiro: Record, 2006); p. 200.
[86] O disco tem também "Como Dois e Dois", de Caetano Veloso, e "Debaixo Dos Caracóis Dos Seus Cabelos". Embora falem de amor, as canções permitem também uma leitura política e por isso estão comentadas no início do próximo capítulo, no qual o assunto é tratado.
[87] Tatit, op. cit.; p. 200-209.

com uma sequência de clássicos que, embora mais convencionais na abordagem da fossa, nada ficam a dever a "Detalhes". No LP seguinte, o narrador ameaça lamber a sarjeta em "Por Amor": "Se um dia/ Você voltar então eu vou ter/ Chance de me levantar/ Pois só você pode me estender a mão/ Mas se não for por amor/ Me deixe aqui no chão". Uma outra faixa, "À Distância", está no mesmo diapasão: "Quantas vezes eu pensei voltar/ E dizer que o meu amor nada mudou/ Mas o meu silêncio foi maior/ E na distância morro todo dia sem você saber". O trio de amantes afastados se fecha nesse disco com "Como Vai Você?", de Antonio Marcos e Mario Marcos.

"Palavras", do LP de 1973, retoma o tom de desalento. As situações são as mesmas, ou quase sempre as mesmas. E, no entanto, são clássicos perfeitamente distintos entre si, cada qual com a melodia e a voz de Roberto Carlos impregnadas até hoje na memória dos brasileiros que já não eram mais adolescentes nos anos 70. Parecia haver uma música para cada situação amorosa. "Olha" é para amantes desencanados: "Olha, você tem todas as coisas/ Que um dia eu sonhei para mim/ A cabeça cheia de problema/ Não me importo, eu gosto mesmo assim". Já "Você" é para corações dilacerados: "Você que ontem me sufocou/ De amor e de felicidade/ Hoje me sufoca de saudade".

Entre os grandes sucessos dos anos 70, "Outra Vez" é de Isolda; "Atitudes", de Getúlio Côrtes; "O Moço Velho", de Sylvio César. Mas é como se Roberto Carlos, com gravações definitivas, tivesse se apropriado delas. As exceções são as músicas que Caetano Veloso fez para ele nessa época. "Muito Romântico" ainda tem algo da dicção de Roberto Carlos: "Canto somente o que pede para se cantar/ Sou o que soa eu não douro pílula". Mas "Força Estranha" é puro Caetano: "Aquele que conhece o jogo do fogo das coisas que são/ É o sol é tempo é a estrada é o pé e é o chão". Não é o tipo de construção que se encontre em Roberto Carlos. Enquanto a maioria dos compositores procurou ajustar sua voz romântica à de Roberto Carlos, Caetano Veloso manteve a sua nítida. A letra tem apenas uma pequena contribuição do intérprete: as palavras "no ar", acrescentadas na pausa depois de "por isso uma força estranha".

Músicas românticas costumam celebrar o amor que nasce ou prantear o que morre. Roberto Carlos fez isso quase à exaustão, mais e melhor do que ninguém de sua geração no Brasil. Mas foi um pouco além: cantou também o amor sereno de uma relação afetiva. Dessa abordagem, nasceram as canções de cenas domésticas, entre elas "Quando as Crianças Saírem de Férias" ("Talvez a gente possa então se amar/ Um pouco mais") e "Rotina" ("Estou chegando para mais um dia/ De trabalho que começa/ Enquanto lá em casa ela desperta/ Pra rotina do seu dia"). Ambas do início dos anos 70, as canções são crônicas do universo erótico de uma classe média emergente que, entre desviar o olhar da repressão e prosperar com o "milagre econômico", buscava espaço para a vida conjugal.

Mas Roberto Carlos sabia ser mais apimentado do que isso.

CAVALGADA

Nos anos 70, as salas de cinema foram invadidas pela "pornochanchada". Na realidade, não havia nada de pornô nos filmes; era só chanchada com pitadas de um erotismo escrachado, cujo apelo sexual se perdia em meio a piadas com frequência preconceituosas. Ainda assim, as pornochanchadas funcionavam como válvula de escape para uma sociedade que, em matéria de costumes, era não apenas em grande parte conservadora, como também sujeita aos rigores da censura.

Assim, se quisessem abordar o tema, os compositores tinham de recorrer a metáforas. É verdade que a década fora inaugurada com o sucesso do francês Serge Gainsbourg, "Je T'Aime Moi Non Plus", em que Jane Birkin emite gemidos que simulam uma relação sexual. Mas essa foi a exceção, e não durou muito tempo, pois a canção seria logo censurada. A partir daí, seria preciso muita dissimulação para emplacar uma música que "avançasse o sinal".

Foi, portanto, com alguma dose de ousadia que, em 1973, ainda durante o governo Médici, Roberto Carlos lançou o LP cujo carro-chefe era "Proposta", a primeira música em que fala de sexo de maneira inequívoca, sem subterfúgios. Roberto Carlos só não foi o pioneiro da balada sexual porque pouco antes o cantor e compositor Odair José enveredara por essa trilha. Mas Odair José, brega assumido, se dirigia a um público restrito, enquanto Roberto Carlos cantava para o Brasil inteiro.

Com "Proposta", Roberto Carlos testou os limites da censura. A letra começa sem deixar dúvida: "Eu te proponho/ Nós nos amarmos/ Nos entregarmos". Logo adiante, a proposta é explicitada quando, mais uma vez, há o uso de "amor" no lugar de "sexo". O sentido é ainda mais evidente do que em "Detalhes", mas dessa vez a censura deixou passar: "Eu te proponho/ Te dar meu corpo/ Depois do amor/ O meu conforto". Dois anos depois, volta o "corpo", agora o dela. Mas "Seu Corpo", de 1975, ainda é comportada:

"E embora eu já conheça bem os seus caminhos/ Me envolvo e sou tratado pelos seus carinhos/ E só me encontro se me perco no seu corpo".

Foi com "Os Seus Botões", do ano seguinte, que Roberto Carlos inauguraria a fase "canções de motel". A partir daí, a sugestão cede lugar à descrição: "Os botões da blusa que você usava/ E meio confusa desabotoava/ Iam pouco a pouco me deixando ver/ No meio de tudo um pouco de você". O motel mesmo ficaria mais caracterizado dois anos mais tarde, em "Café da Manhã", uma espécie de continuação de "Os Seus Botões", conexão enfatizada pelos próprios compositores, que no final citam vários versos da canção. O primeiro quarto poderia ser um quarto qualquer, mas o segundo era de motel, onde o narrador pede não só o café-da-manhã, mas também o jantar. Entre as refeições, "nossa chama outra vez tão acesa".

O clímax, no entanto, fora atingido em 1977, com "Cavalgada". O narrador antecipa o que pretende fazer: "Vou cavalgar por toda a noite/ Por uma estrada colorida/ Usar meus beijos como açoite/ E a minha mão mais atrevida". A temperatura sobe em seguida: "Vou me agarrar aos seus cabelos/ Pra não cair do seu galope". E por fim: "Depois de toda a cavalgada/ Vou me deitar no seu cansaço".

A ideia de "Cavalgada" surgiu quando, em 1975, Roberto Carlos ouviu Maria Bethânia cantar "Sem Açúcar", de Chico Buarque.[88] A narradora é a típica mulher de malandro: "Dia útil ele me bate/ Dia santo ele me alisa". A personagem, que enriquece a galeria de tipos femininos de Chico Buarque, descreve como se comporta em relação ao amante: "Longe dele eu

---
[88] Araújo, op. cit.; p. 298.

tremo de amor/ Na presença dele me calo/ Eu de dia sou sua flor/ Eu de noite sou seu cavalo". Essa imagem do cavalo ficou reverberando na cabeça de Roberto Carlos até desaguar, sempre com a parceria de Erasmo Carlos, em "Cavalgada", com a mesma cena, mas narrada da perspectiva do homem.

Nas músicas mais descritivas, como "Cavalgada", Roberto e Erasmo costumam usar um método de composição que chamam de "cineminha", criando um enredo ou situação a partir da qual as cenas se desenrolam, segundo Jairo Severiano e Zuza Homem de Mello.[89] No caso, "o ponto de partida foi o sol, que esperou o final de uma noite de amor do casal protagonista da canção para só então nascer". A música, de fato, termina assim: "E na grandeza desse instante/ O amor cavalga sem saber/ Que na beleza dessa hora/ O sol espera pra nascer". Feita a letra, a dupla parte para a música, "nos velhos tempos ao violão, depois no piano especial de Roberto, que faz [automaticamente] o transporte de qualquer tonalidade a partir da escala de dó maior".

O tema do sexo entrou na década seguinte com a sequência "Tudo Para" ("quando a gente faz amor"), "Cama e Mesa" ("Quero estar na maciez do toque dos seus dedos/ E entrar na intimidade desses seus segredos") e "Doce Loucura" ("A boca ainda úmida de um beijo/ Tocou maliciosa no meu rosto/ E murmurou palavras de desejo"), esta de Maurício Duboc e Carlos Colla. Mas a palavra "sexo" só seria usada pela primeira vez em 1983, numa rima que caiu no gosto popular: "Cada parte de nós/ Tem a forma ideal/ Quando juntas estão/ Coincidência total/ Do côncavo e convexo/ Assim é o nosso amor/ No sexo".

---

[89] Severiano e Homem de Mello, op. cit.; p. 231.

Os anos que se seguiram à volta de San Remo foram os mais intensos da carreira de Roberto Carlos. E não foram só de *soul*, amor e sexo – foram também de palco.

EMOÇÕES

A primeira grande temporada de *shows* de Roberto Carlos foi a que inaugurou o Canecão, no Rio, em 1970. *Roberto Carlos a 200 km Por Hora* ainda tinha resquícios dos tempos em que exaltava a velocidade na "Jovem Guarda". Ele começou cantando antigos sucessos, como "Eu Sou Terrível" e "Mexerico da Candinha". Mas o *show* estava longe de ser mera reedição do programa vespertino para adolescentes. Acostumado a se apresentar apenas com sua banda, na época o RC-7, Roberto Carlos pela primeira vez cantava com uma grande orquestra, tendo à frente um maestro, Chiquinho de Moraes, que sofisticou os arranjos do repertório.

Depois de fazer uns números de iê-iê-iê é que veio a surpresa. Num espetáculo produzido e dirigido por Luiz Carlos Miéle e Ronaldo Bôscoli, Roberto Carlos mostrou-se eclético. Interpretou "Ai, Que Saudades da Amélia", de Ataulfo Alves e Mário Lago. Num momento intimista, cantou "Não Quero Ver Você Triste", mas com o erudito Quinteto Villa-Lobos fazendo um contracanto camerístico. E levantou a plateia, transformando num sacolejante *soul* o *fox* americano "Laura". Assim, o antigo "Elvis Presley brasileiro" começava a ser chamado de "Frank Sinatra brasileiro".

Roberto Carlos, no entanto, gostava mesmo era de Tony Bennett, conhecido pela gravação de "I Left My Heart in San Francisco". Bennett não tinha a mesma popularidade de Sinatra, mas compensava com a elegância do fraseado jazzístico e a sofisticação do repertório. Roberto Carlos o admirava tanto que, em 1973, compôs "O *Show* Já Terminou" pensando em como Bennett a cantaria: "Comecei a fazer a música especialmente para ele, [imaginando] a versão dela em inglês".[90]

A música transformou-se no ponto alto da temporada de 1978, a quarta que ele fazia no Canecão e a de maior sucesso, tendo ficado seis meses em cartaz. A certa altura, Roberto Carlos vestia uma máscara de palhaço, com careca, nariz e uma lágrima – e cantava: "Me abrace sem chorar/ Sem lenço branco na partida/ Eu também vou tentar/ Sorrir em nossa despedida/ Não fale agora/ Não há mais nada/ O nosso *show* já terminou". Terminava o *show* e terminava também o casamento com Nice, de quem ele estava se separando.

Pouco tempo depois, em 1981, haveria mais emoções: "Quando eu estou aqui/ Eu vivo este momento lindo". Assim começa esse *fox* feito para o palco. "Aqui" é o próprio Canecão. Mas a letra de "Emoções" tem duplo sentido: "De frente pra você/ E as mesmas emoções sentindo". Roberto e Erasmo preferiram "você", no singular, o que pode significar tanto a plateia como alguém em especial. Apesar da sonoridade de *big band*, o intimismo é insinuado pela citação musical de "Detalhes". Tudo isso embalado por um "arrebatador arranjo sinatreano", na expressão de Nelson Motta.[91]

Emoções não foi um *show* como os anteriores. Roberto Carlos tinha em mente a excursão recente

---

[90] Contracapa do LP *San Remo – 1968* (lançado em 1976).
[91] Motta, op. cit.; p. 359-362.

dos Rolling Stones, em que a banda tinha fretado um avião para percorrer a Europa. E resolveu fazer a mesma coisa: mandou pintar "Emoções" na fuselagem de um Boeing capaz de transportar uma equipe de mais de cem profissionais e percorreu grande parte do Brasil com toda a parafernália que até então era reservada ao público do Rio e de São Paulo. Centenas de milhares de pessoas assistiram ao *show*. O disco vendeu mais de dois milhões de cópias – um recorde na indústria fonográfica brasileira. Quanto à música, nunca mais sairia do repertório: "Se chorei ou se sorri/ O importante é que emoções eu vivi".

Aquele era mesmo um "momento lindo". Roberto Carlos pairava, até literalmente, sobre as nuvens – o ponto mais alto da carreira artística mais bem-sucedida do Brasil. Do calhambeque ao avião, fechava um ciclo de duas décadas.

1986

4. NÃO VOU MUDAR

Em 1968, Roberto Carlos cantou: "Daqui pra frente/ Tudo vai ser diferente". Em 1982, cantaria: "Não vou mudar/ Esse caso não tem solução". Ouvidos isoladamente, sem o contexto romântico, os versos de "Se Você Pensa" e "Fera Ferida" soam como se antecipassem novas fases em sua carreira. A partir de 1968, de fato, tudo seria diferente: o fim da "Jovem Guarda", o *soul* vigoroso, o romantismo consagrador. Da mesma maneira, a partir de 1982, Roberto Carlos praticamente não mudaria mais, diluindo ao longo dos anos as qualidades que o haviam entronizado na música popular brasileira. Se o "tudo vai ser diferente" predizia o auge, o "não vou mudar" adivinhava o declínio.

A audição da obra de Roberto Carlos indica claramente o momento de ruptura de um padrão. Embaladas em arranjos pasteurizados e harmonias burocráticas, melodias indistintas contribuíram para relegar ao esquecimento boa parte da produção de Roberto Carlos a partir dessa época. Ao longo deste livro, foram citados versos de dezenas de músicas. É provável que, em muitos casos, o leitor tenha entoado mentalmente as melodias ao ler o texto. A partir de meados dos anos 80, no entanto, isso mudou. Quantas canções dessa safra ficaram na memória do brasileiro? "Você Não Sabe" (1983), "Caminhoneiro" (1984), "A Atriz" (1985) – talvez não mais do que uma por disco, se tanto.

Antes de mais nada, porém, é preciso qualificar o descenso. Embora muitos trabalhos sejam consensualmente considerados fracos em termos absolutos, vários outros só não são bons em termos relativos, ou seja, quando comparados à excelência de tantas de suas próprias composições dos anos 70. É preciso também levar em conta a autoexigência de Roberto Carlos (pouco importa, para o argumento, se ditadas ou não pelo mercado) de produzir um disco de inéditas quase todos os anos, média muito superior à de seus pares. Além disso, não se pode esquecer o intérprete. Se o compositor acusou sinais de esgotamento, o cantor caminhou no sentido oposto.

A ATRIZ

A fase áurea da carreira de Roberto Carlos coincide com os anos em que esteve casado com Nice, sem que tenha havido, necessariamente, relação entre a qualidade da produção musical e a musa a quem tantas canções foram dedicadas. O ciclo se encerra com "Fera Ferida", sobre o fim do casamento. "Acabei com tudo, escapei com vida/ Tive as roupas e os sonhos/ Rasgados na minha saída", canta Roberto Carlos, naquela que talvez seja uma de suas melhores composições. "Fiquei louco por aquela música, ouvi milhões de vezes", disse Caetano Veloso, que também a gravaria.[92]

Quando a compôs, Roberto Carlos já vivia com a atriz Myrian Rios, com quem começara a namorar em 1979. Após anos "morrendo aos poucos por amor", ele teria pela frente um relacionamento menos complicado, ou pelo menos foi essa a impressão que passou nas músicas que fez para ela. O romantismo nunca seria deixado de lado, como prova "Eu Preciso de Você" ("Como a abelha necessita de uma flor/ Eu preciso de você e desse amor"). A tônica das composições, no entanto, seria sensual, como a já mencionada "Cama e Mesa", também do álbum de 1981.

Aos 20 anos incompletos, a metade da idade de Roberto Carlos, Myrian tinha tido papéis secundários em novelas. A canção mais associada a ela, até por causa do título, é "A Atriz", em que Roberto Carlos, não sem alguma autoironia, trata do ciúme que sente quando ela aparece na televisão "com alguém que não sou eu". A letra descreve uma rotina que tem algo do clima de "Ela É Dançarina", de Chico Buarque. Seu personagem não é o funcionário a lamentar do horário "que nunca combina", mas também tem lá seus desencontros, pois ao chegar em casa ela já saiu, deixando "um bilhete escrito com batom" que diz: "Entre um *take* e outro/ Eu telefono, pense em mim".

Myrian Rios teve a sua cota de canções nos dez anos que durou o relacionamento, ainda que menos intensa do que a dedicada a Nice e menor do que a que mais tarde mereceria Maria Rita. Nessa época, o foco

---

[92] *Jornal do Brasil*, 8/12/1985.

musical de Roberto Carlos se mostrava difuso, dirigido também a personagens aos quais ele nunca antes prestara atenção, como caminhoneiros, taxistas e políticos.

FILÕES MUSICAIS

A partir de meados dos anos 80, Roberto Carlos passou a explorar novos filões. Apesar de investir em músicas voltadas para públicos específicos, como categorias profissionais ou determinados tipos femininos, o compositor atingia audiências mais amplas. Afinal, retratando o caminhoneiro ou a mulher de óculos, ele, no fundo, não deixava de falar de amor.

"Caminhoneiro", a primeira do gênero, foi o grande destaque do álbum de 1984. A velocidade continuava em pauta: "Eu sei/ Tô correndo ao encontro dela/ Coração tá disparado/ Mas eu ando com cuidado/ Não me arrisco na banguela". É um refrão tão eficiente quanto revelador de uma fase mais frouxa de criação. A prudência da maturidade pode ser boa conselheira, mas não tem o mesmo rendimento poético da irresponsabilidade da juventude: "Se acaso numa curva eu me lembro do meu mundo/ Eu piso mais fundo, corrijo num segundo/ Não posso parar". Estrada por estrada, a de Santos continuava insuperável.

"Caminhoneiro" é uma canção sertaneja, precursora da onda que revitalizaria o gênero a partir da década seguinte. "Se está com cheirinho de brega foi de propósito", declarou na época Roberto Carlos, que gravou a música fazendo também a segunda voz, à moda das duplas caipiras. "Pus a segunda voz mesmo para ficar com esse ar brejeiro de música sertaneja."[93] O crítico Okky de Souza chegou a comparar "Caminhoneiro" a "Fuscão Preto", ícone brega que fizera sucesso poucos anos antes na voz de Almir Rogério.[94]

Roberto Carlos assume o brega, mas prefere o selo *country*, gênero folclórico americano típico de Nashville, no estado do Tennessee. De fato, a etiqueta, mais do que apropriada, é reveladora da procedência de "Caminhoneiro". Se a música de Roberto Carlos tinha algum problema não era a breguice, mas sim o fato de *não ser* de Roberto Carlos, nem de seu parceiro Erasmo Carlos, embora o nome dos dois nomes aparecesse no crédito. Na realidade, "Caminhoneiro" é quase uma versão de "Gentle on My Mind", de John Hartford (1937-2001).

Roberto Carlos chegou a dar entrevista na época do lançamento contando como a música teria nascido em seu piano.[95] Não é incomum que compositores "criem" melodias que, ouvidas um dia, permanecem perdidas no limbo da memória. Talvez tenha sido esse o caso de "Caminhoneiro". Composta em 1967, "Gentle on My Mind" valera um prêmio Grammy para o compositor e outro para o cantor Glen Campbell, responsável pela versão mais conhecida. É essa versão – e não a de Hartford – que é igual a "Caminhoneiro", tendo até o mesmo arranjo. A música foi interpretada por vários artistas, inclusive Elvis Presley, que em 1969 a gravou em andamento mais lento.[96]

---

[93] Entrevista ao primeiro número da revista *Caminhoneiro* (janeiro/fevereiro de 1985).
[94] *Veja*, 28/11/1984.
[95] Revista *Caminhoneiro* (janeiro/fevereiro de 1985).
[96] No YouTube, é possível comparar as versões de Campbell e de Presley.

"Caminhoneiro" só tem uma contribuição da dupla brasileira: o refrão. Não é muito, mas também não é pouco – com o refrão a música cresce e supera as gravações em inglês. De qualquer maneira, o fato de a música não ser de Roberto e Erasmo foi implicitamente admitido quando, depois de um acordo, Hartford passou a ser citado como coautor em edições posteriores do álbum.

As músicas para mulheres distantes do padrão de beleza dos brotos da "Jovem Guarda" tiveram maior impacto. A série começou em 1992, com "Mulher Pequena", dedicada a Maria Rita, que tinha um metro e 56 centímetros. A letra oscila entre o romantismo de sempre, alguma dose de humor ("Fica na ponta dos pés/ [...] Pra ganhar beijo na boca") e uma pitada de erotismo.

A fórmula funcionou e Roberto a repetiu três vezes nos anos seguintes. "Coisa Bonita" também aposta na mistura de amor, humor e sexo ("Pode me lamber/ Que eu sou dietético"). Com "O Charme dos Seus Óculos", Roberto Carlos criava o correspondente feminino, mas invertido, daquele rapaz do Leblon desprezado pelas meninas por causa dos óculos. "Por que você não olha pra mim?/ Por trás dessa lente tem um cara legal", cantava Herbert Vianna, do Paralamas, nos anos 80. Já para Roberto Carlos, os óculos emprestavam à mulher uma "beleza com um toque *sexy* intelectual". Ele cantava: "Olhares provocantes às vezes inocentes/ Me dizem tantas coisas por trás dessas lentes". Na última música da série, o humor não tem mais lugar e Roberto Carlos às vezes parece pisar em ovos ao exaltar os atributos da "Mulher de 40": "É jovem o bastante, mas não como antes/ Mas é tão bonita".

Essas mulheres e aqueles profissionais foram personagens de veios musicais de alguma repercussão. Mas os anos 80 seriam marcados por um terceiro e mais importante nicho: o politicamente correto.

VERDE E AMARELO

Em 1985, ao completar um quarto de século de carreira, Roberto Carlos pela primeira vez abordou diretamente a política brasileira contemporânea.

Em "Verde e Amarelo", o compositor captou o momento de euforia popular com o início da redemocratização. O ano anterior fora marcado pelos grandes comícios a favor das Diretas-Já, que levaram às ruas a reivindicação do direito de votar para presidente. Embora o projeto não tenha sido aprovado pelo Congresso, resultou na eleição indireta de Tancredo Neves, o que significou a transferência do poder dos militares para os civis. Morto Tancredo Neves, o vice, José Sarney, tomou posse em abril de 1985. Sarney era dissidente do partido que dera sustentação à ditadura,[97] mas assumiu os compromissos do oposicionista Tancredo e conduziu o país à redemocratização.

Foi nesse início da autointitulada Nova República que Roberto Carlos lançou "Verde e Amarelo", um *rock* abertamente ufanista: "Terra firme, livre, tudo o que eu quis do meu país/ Onde eu vou vejo raça/ Forte no sorriso da massa/ Na força desse grito que diz: é meu país". Mais adiante, sem citar o nome, faz uma referência ao presidente-escritor: "É Brasil, é brasuca, esse cara bom de papo e de cuca".

---

[97] A Arena (Aliança Renovadora Nacional), criada em 1966 e extinta em 1979, com o fim do bipartidarismo.

Carro-chefe do álbum, a música já fazia sucesso quando, em fevereiro de 1986, foi anunciado o Plano Cruzado para combater a hiperinflação. A mistura de congelamento de preços e aumento real de salários fez explodir o consumo e levou o brasileiro a acreditar, por poucos meses, que a vida fosse realmente melhorar. Na música, Roberto Carlos canta: "Tiro o meu chapéu, peço bis pro meu país". Ironicamente, o bis viria em novembro daquele ano, quando a inconsistência do plano estava mais que evidente e um segundo Plano Cruzado acabou com a festa das compras.

Nesse meio tempo, porém, o Brasil transpirava um nacionalismo que estava na essência de "Verde e Amarelo". Por isso, enquanto o público aplaudia, a crítica torcia o nariz, chamando-o de oportunista. Ao se defender, ainda quando o barco do Cruzado não estava fazendo água, lembrou que "a música foi feita antes do pacote de fevereiro".[98] Caetano Veloso ficou do lado de Roberto Carlos: "Ouvi ali alguma coisa que vem assim de uma esperança verdadeira, de alguma coisa sincera". Mas emendou: "Não me parece demagogia, embora a demagogia seja parte integrante, importante, da composição".[99]

A outra acusação a Roberto Carlos, de que o artista estaria sendo incoerente, se inscrevia numa visão histórica mais ampla. Afinal, argumentavam os críticos, nos tempos da ditadura, quando poderia ter usado seu prestígio para criticar o regime, ele preferira calar, escudando-se no conveniente rótulo de apolítico. E agora, perguntavam eles, quando havia um consenso contra os militares recém-saídos do poder, teria Roberto Carlos deixado de ser apolítico?

---

[98] *O Estado de S. Paulo*, 16/5/1986.
[99] *Jornal do Brasil*, 8/12/1985.

É fato que, desde a "Jovem Guarda", o cantor nunca quis se arriscar, indispondo-se com a ditadura. Se choques houve, ficaram restritos às franjas comportamentais, quando o conservadorismo estranhou a modernidade dos costumes que o ídolo da juventude ajudava a divulgar.

É fato também que, nos anos de chumbo da ditadura, Roberto Carlos aceitou fazer propaganda cívica, como a das comemorações do sesquicentenário da Independência, em 1972. Outros artistas tiveram comportamento semelhante. No mesmo ano, Elis Regina liderou um coro de artistas cantando o Hino Nacional e o sambista Zé Kéti lançou um compacto com foto do general Médici na capa. Pouco antes, Ivan Lins fizera sucesso com "O Amor É o Meu País", ganhando fama de adesista, da qual só se livraria anos mais tarde.[100] E nas hostes da bossa nova, os muitos que se diziam alienados não eram particularmente importunados pela esquerda. Ao se declarar da "direita festiva", Tom Jobim provocava mais sorriso que censura. Roberto Carlos uma única vez também disse ser de "direita". Foi numa resposta seca, sem comentário, em entrevista ao jornal *Última Hora*. Embora tivesse mais tarde negado a declaração, ela ficaria para sempre grudada em sua biografia.[101] A realidade é que, pela sua condição de ídolo maior da juventude, Roberto Carlos era o alvo preferencial da esquerda.

Ao contrário da impressão que às vezes passava, Roberto Carlos se incomodava com a reputação de

---

[100] Para as informações sobre Elis, Zé Kéti e Ivan Lins, ver *Almanaque Anos 70*, de Ana Maria Bahiana (Rio de Janeiro: Ediouro, 2006); p. 55-57.
[101] O trecho da entrevista, publicada em 14/6/1970, está reproduzido em Tinhorão, op. cit.; p. 338.

alienado. Em meados dos anos 70, usou a seu favor o fato de o esquerdista (e aristocrático) Luchino Visconti ter incluído uma música sua, "À Distância", no filme *Violência e Paixão*, de 1974. "Se minha música fosse alienada, como explicar o fato de Visconti ter colocado 'À Distância' como fundo musical de *Violência e Paixão*, um filme altamente político?"[102] Bem, o filme não é "altamente político", ele tem apenas um subtexto político. E, além disso, Visconti não passa atestado ideológico a Roberto Carlos apenas por ter aproveitado uma canção de amor de muito sucesso na Itália,[103] onde as simpatias políticas do compositor evidentemente são irrelevantes.

De qualquer maneira, há uma linha de defesa mais consistente para Roberto Carlos, baseada em duas músicas lançadas no álbum de 1971: "Debaixo Dos Caracóis Dos Seus Cabelos", que ele fez para um Caetano exilado, e "Como Dois e Dois", de Caetano, com clara mensagem antitotalitária, que ele gravou. Se elas não mudam a história de Roberto Carlos, ao menos lhe emprestam alguma nuança.

Em "Debaixo Dos Caracóis...", Roberto Carlos deseja a volta do compositor baiano, que se refugiara em Londres após ser preso, junto com Gilberto Gil, logo depois do AI-5. "Um dia a areia branca/ Seus pés irão tocar/ E vai molhar seus cabelos/ A água azul do mar". E mais adiante: "Você olha tudo e nada/ Lhe

---

[102] Araújo, op. cit.; p. 330.
[103] Traduzida como "Testardo Io", a música foi gravada por Iva Zanicchi, cantora e apresentadora de TV muito popular na Itália, que por coincidência venceu o festival de San Remo no ano em que o filme foi lançado. Ela também ganhara o festival outras duas vezes: um ano antes e um ano depois de Roberto Carlos ter se consagrado naquele palco com "Canzone Per Te". Mais tarde, Iva iniciou uma carreira política associada ao PDL (Partido della Libertà), de centro-direita.

faz ficar contente/ Você só deseja agora/ Voltar pra sua gente". O recado estava dado, embora na época o público ignorasse que os tais caracóis fossem de Caetano, já que a censura não deixaria passar uma homenagem explícita a uma *persona non grata* ao regime. A história só seria conhecida duas décadas mais tarde.

Já em "Como Dois e Dois", a poesia, o romantismo e as ambiguidades da letra podem ter despistado a censura,[104] mas não escondem a intenção inequívoca do autor. A expressão do título está conectada à resistência a qualquer tipo de totalitarismo desde que, em 1949, o escritor George Orwell a usou em *1984*, sua obra-prima. No romance, o britânico descreve um mundo imaginário em que o poder de um partido único oprime o cidadão a ponto de fazê-lo aceitar até mesmo a proposição matemática obviamente falsa. A questão é: se o resultado da conta é considerado correto, então tudo o mais que o partido declare, por mais absurdo, será igualmente correto. O protagonista, Winston Smith, ciente desse objetivo, anota em seu diário a disposição de enfrentar o regime: "A liberdade é a liberdade de dizer que dois e dois são quatro. Admitindo-se isso, tudo o mais decorre".[105] A ficção política, porém, é carregada de pessimismo e, no fim do livro, Smith capitula diante do Grande Irmão, e escreve com letras trêmulas: "Liberdade é escravidão", e em seguida: "Dois e dois são

---

[104] A música chegou a ser vetada pela Divisão de Censura de Diversões Públicas do então Estado da Guanabara. A gravadora CBS recorre à Censura em Brasília, "afirmando ser a letra tão inofensiva que 'a gravação será procedida por Roberto Carlos, de quem não se conhece nem se ouviu falar sobre qualquer vinculação a qualquer ideia ou corrente política'. A defesa convenceu a Censura e 'Como Dois e Dois' foi gravada por Roberto Carlos. Sem cortes". Reportagem de Cristina Grillo na *Folha de S.Paulo*, em 27/5/1990.
[105] George Orwell, *1984*. Trad. Wilson Velloso (São Paulo: Companhia Editora Nacional, 1974, 7ª ed.); p. 79.

cinco". Amargo, o romance termina com uma ironia: "Mas agora estava tudo em paz, tudo ótimo".[106]

Pois, no Brasil de 1971 – país igualmente de partido único, a Arena,[107] celebrado como o maior do Ocidente –, também tudo estava ótimo, "tudo certo como dois e dois são cinco". Se alguém tinha alguma dúvida, Caetano explicitava na própria letra o que isso queria dizer: "Tudo vai mal, tudo, tudo, tudo, tudo". É possível que a referência literária tenha escapado a Roberto Carlos, uma vez que ele mesmo sempre declarou ser homem de poucas leituras. Mas parece improvável que não tenha percebido a dimensão da crítica de que era porta-voz. Afinal, o cantor sempre faz questão de gravar apenas canções com letras com as quais concorda. É conhecido, a propósito, o episódio em que ele desistiu de apresentar num *show* a música "As Rosas Não Falam", de Cartola, com o seguinte argumento: "Não posso cantar 'As Rosas Não Falam' porque eu próprio converso frequentemente com minhas flores e plantas".[108]

É com essa mesma singeleza de argumento que Roberto Carlos se alinha à defesa de pontos de vista politicamente corretos nos anos 80. Com abordagens fundadas sobre consensos, o compositor se mantém a uma distância segura das polêmicas: ele é contra a matança de baleias, a favor da preservação da floresta, contra a guerra nuclear, a favor da paz – e assim por diante.

Na primeira canção da safra, "As Baleias", ele se dirige ao arpoador: "Não é possível que você suporte

---

[106] Orwell, op. cit.; p. 257 e 277.
[107] O bipartidarismo era mais de fachada, na medida em que o outro partido, o MDB, não passava de oposição consentida.
[108] *Veja*, 4/2/1987.

a barra/ De olhar nos olhos do que morre em suas mãos/ E ver no mar se debater o sofrimento/ E até sentir-se um vencedor nesse momento". A letra é de denúncia, mas a música é romântica. A inadequação do formato, que esvazia a indignação, é repetida na tentativa seguinte, "Paz na Terra", quando ele ataca "absurdos nucleares e outras formas de matar" ao som de violinos chorosos. O problema é minimizado em "Águia Dourada" (em que exalta a pureza do índio) e "Todo Mundo É Alguém" (em que propugna a igualdade entre os homens).

Só a partir de 1989 é que Roberto Carlos acha, na vibração do *rock*, o gênero musical apropriado para as letras com mensagens políticas. Guitarras são mais eficientes que violinos quando se quer condenar "a lei do machado" (no caso de "Amazônia") ou o "o ra-ta-ta-ta-ta" da guerra, agora convencional (em "Quero Paz").

A música mais polêmica dessa fase é "O Careta", de 1987. Como o título sugere, trata-se de uma canção contra as drogas: "Meu grande barato é o cheiro da brisa do mar/ Me ligo na onda do rádio do meu coração/ Viajo na luz das estrelas". Roberto Carlos sempre se declarou contras as drogas, mas em música era a primeira vez, e, por coincidência, no mesmo ano em que Lobão lançava "Vida Bandida", falando sobre o período em que passou na prisão por porte de drogas. Nesse contexto, o tom moralista de Roberto Carlos, enfatizado quando ele se diz "contente de ser esse grande careta", incomodou os que defendiam a descriminação da maconha.[109]

---

[109] A canção seria muito comentada nos anos seguintes, mas não por causa da letra. Roberto e Erasmo foram acusados de plagiar "Loucuras de Amor", de Sebastião Braga, e, após longa disputa judicial, acabaram condenados a pagar uma multa milionária.

A grande polêmica em que Roberto Carlos se envolveria naquele início da Nova República, no entanto, nada tinha a ver com música.

CENSURAS

Em fevereiro de 1986, pouco mais de seis meses depois de o governo anunciar o fim da censura no país, o presidente José Sarney decidiu vetar a exibição no Brasil de *Je Vous Salue, Marie*, do franco-suíço Jean-Luc Godard. No filme, a Virgem Maria é uma estudante que trabalha num posto de gasolina e José, um motorista de táxi. Ao saber da gravidez de Maria, José a acusa de traição. A história tem outros desdobramentos e níveis narrativos, mas, para efeitos da decisão presidencial, contou apenas a caracterização mundana de figuras centrais do cristianismo.

O veto de Sarney dividiu a sociedade. De um lado, os defensores da liberdade da criação artística. Do outro, os paladinos do respeito aos valores religiosos. Os ânimos se acirraram e o cauteloso Roberto Carlos, que até então evitara se posicionar sobre questões candentes, entrou no debate com uma mensagem de apoio ao presidente Sarney.

A atitude de Roberto Carlos indignou muita gente, inclusive Caetano Veloso. "O telegrama de Roberto Carlos a Sarney, congratulando-se com este pelo veto a *Je Vous Salue, Marie*, envergonha nossa classe", escreveu.[110] Salvo o artigo de Caetano, a crítica a

---

[110] *Folha de S.Paulo*, 2/3/1986. O artigo encontra-se reproduzido em *O Mundo Não É Chato*, de Caetano Veloso (São Paulo: Companhia das Letras, 2005); p. 228-232. Publicado na *Folha de S.Paulo* em 2/5/2007.

Roberto Carlos diluiu-se em meio às discussões, até porque ele não foi o único artista a apoiar a censura. Sua participação foi periférica — era apenas uma voz, entre tantas outras que poupavam o presidente "bom de cuca" ou ecoavam o discurso originado na cúpula da Igreja Católica. Vinte anos mais tarde, no entanto, Roberto Carlos estaria no centro de um caso de natureza semelhante.

Em 2006, chegou às livrarias a biografia não-autorizada *Roberto Carlos em Detalhes*, de Paulo Cesar de Araújo. Roberto Carlos moveu um processo contra Araújo e a editora Planeta, responsável pela publicação, sob a alegação de que houvera invasão à sua privacidade. O caso foi encerrado com um acordo entre as partes, firmado na presença de um juiz, ficando acertada a interrupção definitiva da produção e comercialização da obra. Escritores e intelectuais vieram a público para criticar o desfecho. A reação de maior repercussão foi a de Paulo Coelho. Em artigo, o escritor se disse chocado com a "atitude infantil" de Roberto Carlos, "como se grande parte das coisas que li na imprensa justificando a razão da 'invasão de privacidade' já não fosse mais do que conhecida por todos os seus fãs".[111] E viu no episódio um "sério precedente" que poderia levar à "volta da censura".[112]

---

[111] Publicado na *Folha de S.Paulo* em 2/5/2007.

[112] A decisão de Roberto Carlos de recorrer à Justiça para proibir a biografia tem alguns precedentes. Em 1970, foi interditada a circulação de *O Rei e Eu*, de Nichollas Mariano, seu ex-mordomo. Em 1983, o cantor obteve a condenação de dois jornalistas, Ruy Castro e Fernando Pessoa Pereira, pela publicação de uma reportagem na revista *Status*. Em 1993, uma decisão liminar da Justiça interrompeu uma série de reportagens sobre Roberto Carlos no jornal *Notícias Populares*, do Grupo Folha. Na época, a *Folha de S.Paulo* escreveu em editorial: "Provoca enorme preocupação ver o direito à privacidade ser usado como pretexto para obter injustificável cerceamento — na sua pior forma, a da censura prévia — da liberdade de informar". (12/1/1993).

As proibições a *Je Vous Salue, Marie* e a *Roberto Carlos em Detalhes* têm aspectos comparáveis, mas há duas diferenças importantes. Do ponto de vista institucional, a censura ao filme foi exercida pelo Estado, enquanto a censura ao livro seria uma "censura togada", para usar a expressão do biógrafo Fernando Morais, em referência ao fato de o acordo, lesivo à liberdade de expressão, ter sido obtido com a mediação de um juiz.[113] E, do ponto de vista de Roberto Carlos, se em relação ao livro ele advogou em causa própria, no caso do filme agiu por convicção religiosa.

Se havia uma acusação que não lhe podia ser feita era a de incoerência: não era daquela época que suas composições tratavam de temas espirituais.

FÉ

A espiritualidade é quase tão importante na música de Roberto Carlos quanto o amor. Se as canções românticas permeiam sua obra desde os tempos da "Jovem Guarda", os hinos religiosos marcam a produção mais recente, sobretudo nos anos 90.

Jesus Cristo entrou no repertório de Roberto Carlos em 1970. Primeiro artista brasileiro a colocar o nome do filho de Deus nas paradas de sucesso, ele pagou pelo pioneirismo. Os conservadores, ao contrário do que se poderia imaginar, não aprovaram a ousadia de "Jesus Cristo". Um deputado estadual de Pernambuco chegou a pedir o enquadramento do

---

[113] Declaração ao "Fantástico", da *Globo*, em 27/5/2007.

cantor na Lei de Segurança Nacional.[114] Embora não tenha dado em nada, o processo é revelador da recepção da música nesse meio.

No ano seguinte, Roberto Carlos voltou à carga com "Todos Estão Surdos", que mistura pacifismo e religião. A letra não cita nominalmente Jesus Cristo, referido apenas como "meu amigo", e dessa vez os conservadores deixaram passar. Mas Roberto Carlos incomodava principalmente os que estavam no extremo oposto do espectro político – os progressistas. Na terceira música que compôs em anos consecutivos, "A Montanha", Roberto Carlos foi execrado pelo insistente refrão "obrigado, Senhor", quando, da perspectiva da esquerda, nada havia a agradecer naquele ano de 1972, no auge da ditadura. No ano seguinte, o "meu amigo" e o "Senhor" dos álbuns anteriores seria chamado simplesmente de "O Homem".

A fase mais nitidamente apostólica e militante teria início em 1978, com "Fé", mais uma vez com a recorrente imagem da montanha: "Na linha do horizonte, do alto da montanha/ Por onde quer que eu ande/ Esse amor me acompanha/ A luz que vem do alto/ Aponta o meu caminho". E, de fato, o caminho musical de Roberto Carlos a partir de então seriam as canções de cunho religioso, que em 1999 ele reuniria em parte no álbum *Mensagens*, quando praticamente encerrou o ciclo.

Embora haja equivalência temática entre essas canções, em termos musicais há que fazer uma distinção. Até 1978, as composições exalavam tal vigor criativo que poderiam ser apreciadas por um agnóstico que abstraísse a letra. A própria "Fé" pertence a essa

---

[114] *Veja*, 27/1/1971.

safra, encerrada em 1981, com "Ele Está Para Chegar", que traz alguma lembrança dos tempos do *soul*. A partir daí, o fervor religioso aumenta, enquanto a energia musical começa a dar sinais de dissipação, tendência que, nos anos 90, faria com que canções como "Nossa Senhora", "Jesus Salvador", "O Terço" e "Coração de Jesus" se transformassem em verdadeiras orações cantadas, algumas inclusive ao som de órgãos sacros.

Sempre com a assistência de Erasmo Carlos, mesmo na fase em que o parceiro se declarava ateu, nos anos 70, Roberto Carlos compunha como devoto. O Deus de suas canções é fonte de certezas, não de dúvidas. Para ele, as ambiguidades da poesia e da fé não têm lugar quando o assunto é religião.

Não foi por outro motivo que, no início dos anos 80, não aceitou gravar músicas que Caetano Veloso e Gilberto Gil fizeram para ele. A canção de Caetano, "Pele", tateia a noção de Deus em meio a metáforas vagamente sensuais: "Deus deseja que a tua doçura/ Que também é a dele/ Se revele, mais pura, na tua pele/ E que eu pouse a mão sobre teu colo/ Lua na noite escura/ E a brancura do polo se descongele".[115] E a de Gil, "Se Eu Quiser Falar com Deus", é mais sobre o "vazio de Deus", segundo o próprio Gil. "Se eu quiser falar com Deus/ [...]/ Tenho que dizer adeus/ Dar as costas, caminhar/ Decidido, pela estrada/ Que ao findar vai dar em nada/ [...]/ Do que eu pensava encontrar".

Sobre a recusa de Roberto Carlos, Gil comentou: "O que chegou a mim como tendo sido a reação dele, Roberto Carlos, foi que ele disse que aquela não era a

---

[115] *Letra Só*, de Caetano Veloso (São Paulo: Companhia das Letras, 2003); p. 240 e 50 (do anexo). "Pele" acabou sendo gravada por Maria Bethânia em 1980.

ideia de Deus que ele tem. 'O Deus desconhecido.' Ali, a configuração não é a de um Deus nítido, com perfil claro, definido".[116] Muito tempo depois, em 1995, Roberto Carlos compôs "Quando Eu Quero Falar com Deus", canção que, pela própria formulação do título, é tida como resposta à música de Gil.

MARIA RITA

A exacerbação da religiosidade de Roberto Carlos coincidiu com os anos em que esteve ao lado de Maria Rita. Eles começaram a namorar no início dos anos 90 e se casaram em 1996, pouco mais de um ano antes de serem recebidos pelo papa João Paulo 2º em audiência no Rio, após apresentação do cantor numa missa no Aterro do Flamengo. Data desse período a maior parte de sua produção apostólica.

O único tema que rivalizava com a religião era o amor arrebatado à mulher. Maria Rita foi a musa mais homenageada de Roberto Carlos: em vida, com várias canções em discos consecutivos; após a morte, com dois álbuns. As canções de amor situavam-se musicalmente um ou dois degraus acima dos hinos religiosos da época. Mas não podem ser comparadas favoravelmente aos grandes sucessos do passado.

Aos 50 anos, e tendo passado boa parte da vida falando de amor, Roberto Carlos acusava algum desgaste nas imagens empregadas. Em "Primeira Dama",

---

[116] *Gilberto Gil – Todas as Letras*, organização de Carlos Rennó (São Paulo: Companhia das Letras, 2003); p. 291 e 292. A música foi gravada pelo próprio Gil em 1981. No ano seguinte, foi lançada, postumamente, a versão de Elis Regina.

de 1991, por exemplo, o compositor fala em "governo", "palácio", "presidente" e "protocolo" – palavras que, mesmo deslocadas do contexto original, burocratizam involuntariamente o discurso amoroso. Em "Quando Digo Que Te Amo", cinco anos mais tarde, Roberto Carlos demonstraria estar em melhor forma, embora a canção não esteja à altura de "Como É Grande o Meu Amor Por Você". O confronto é inevitável não apenas devido à semelhança das letras – ambas sobre a falta de palavras para expressar amor tão grande – mas também porque Roberto Carlos incluiu, no mesmo álbum, o antigo clássico dedicado a Nice.

Maria Rita teve um câncer diagnosticado em setembro de 1998 e morreu em dezembro do ano seguinte. Nesse meio tempo, com a sensibilidade aguçada pelo forte abalo emocional, Roberto Carlos compôs "Eu Te Amo Tanto", o grande destaque entre as inéditas do álbum de 1998, este um produto híbrido que mistura gravações de estúdio e outras ao vivo, incluídas na última hora, pois as circunstâncias não permitiram que ele completasse o disco daquele final de ano.

Em 2000 e 2003 Roberto Carlos lançou os álbuns *Amor Sem Limite* e *Pra Sempre*, ambos dedicados à memória de Maria Rita. A partir desse período, Roberto Carlos passaria a flexibilizar a crença. A fé não movia mais montanhas, embora ainda o ajudasse a contorná-las.

Ao mesmo tempo, o cantor começou a se tratar do transtorno obsessivo-compulsivo, o TOC, um distúrbio psiquiátrico responsável pelas suas conhecidas manias, como evitar determinadas cores e palavras. Se Roberto Carlos não gosta de roxo ou marrom, isso é irrelevante para a música brasileira. Mas o mesmo não se pode dizer em relação às palavras. Já que ele não pronuncia "inferno", por exemplo (ou não pronunciava até 2008), o público de seus *shows* fica privado do grande clássico da "Jovem Guarda", para não mencionar outros intérpretes, que estão impedidos de gravar "Quero Que Vá Tudo Pro Inferno".

Durante muito tempo Roberto Carlos também baniu de seu repertório a palavra "mal", o que o levava a cantar em *shows* "se o bem e o *bem* existem/ você pode escolher", sem se importar com a formulação esdrúxula. Com o tratamento do TOC, ele acabou seguindo o conselho contido na própria música: "Toda pedra do caminho/ Você deve retirar". E, em 2007, finalmente chutou de lado essa pedra, reabilitando o "mal" na letra. Parecia estar, assim, reaprendendo o que ensinara a mais de uma geração: "É preciso saber viver".

2008

5. FICARAM AS CANÇÕES

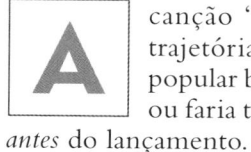

A canção "É Preciso Saber Viver" teve trajetória única na história da música popular brasileira. Nenhuma outra fizera ou faria tanto sucesso, e por tanto tempo, *antes* do lançamento.

Parte da trilha sonora do filme *Roberto Carlos e o Diamante Cor-de-Rosa*, de 1970, a canção só apareceria no álbum de 1974. Nesses quatro anos, quem quisesse ouvi-la precisava ir ao cinema e esperar até a última cena, quando, derrotados os bandidos de sempre, Roberto, Erasmo e Wanderléa a cantavam durante passeio de jipe pela orla do Rio.[117]

Quando o disco finalmente chegou às lojas, descobriu-se que "É Preciso Saber Viver" estava bem diferente: quatros versos e os dois parceiros haviam sumido. Quanto aos versos, a mudança não

---

[117] O filme teve 2,6 milhões de espectadores, de acordo com *ranking* da Ancine (Agência Nacional do Cinema).

despertou maior interesse, pois não faziam mesmo falta – ao contrário, a letra ganhou em clareza na versão mais enxuta. Mas por que Roberto Carlos a interpretava sozinho? Por um motivo alheio à música: devido a uma cláusula comercial, Roberto e Erasmo, contratados por gravadoras diferentes, estavam impedidos de registrar no mesmo disco o número que haviam feito na tela.

"É Preciso Saber Viver" é uma música de transição. Ela atravessa três fases da carreira de Roberto Carlos. Embora a composição seja do final dos anos 60, a cena com Wanderléa e Erasmo remete à "Jovem Guarda", programa já extinto quando o filme estreou. Musicalmente, a canção pertence à fase seguinte, influenciada pela *black music*, mas acabou sendo lançada quando Roberto Carlos já havia embicado no romantismo. De qualquer maneira, foi uma canção que embalou os anos 70.

Três décadas depois de ser escrita, "É Preciso Saber Viver" ganharia frescor e energia na interpretação de Paulo Miklos, vocalista de uma das maiores bandas de *rock* do Brasil, os Titãs. Incluída em *Volume 2*, de 1998, a faixa se tornou o grande sucesso do álbum e ajudou a aproximar Roberto Carlos da geração que, nascida a partir dos anos 80, não acompanhou seus primeiros anos de carreira.

Os Titãs não são exceção. Desde os anos 70, gravar canções de Roberto e Erasmo tem sido a regra entre os grandes intérpretes da música brasileira. De Elis Regina, Nara Leão, Maria Bethânia e Claudette Soares a Chico Science, Lulu Santos e Agepê, são muitos os que já gravaram a dupla. Embora as músicas românticas sejam as preferidas, a fase *soul* e o iê-iê-iê também têm tido releituras.

IÊ-IÊ-IÊ

Os roqueiros vão de iê-iê-iê, claro. Em 1973, num álbum que homenageou os primórdios do *rock*, Raul Seixas (1945-1989) gravou "É Proibido Fumar", que tinha feito sucesso quase dez anos antes, quando a "Jovem Guarda" ainda não era nem um projeto. Quatro anos depois, Rita Lee cantou a música num *show* com Gilberto Gil, versão lançada em *Refestança*, gravado ao vivo. E nos anos 90, Samuel Rosa, vocalista do Skank, que não era nascido quando a música foi lançada, injetou no clássico do gênero uma sonoridade com elementos de *funk* e *dancehall* jamaicano, na abertura do CD *Rei*, de vários artistas, dedicado a Roberto e Erasmo.[118]

O hino da "Jovem Guarda" é pouco acessível à nova geração. Até 2008, Roberto Carlos negava sistematicamente o pedido de várias bandas para gravar "Quero Que Vá Tudo Pro Inferno", por rejeitar a palavra "inferno", como já dito. O compositor chegou a vetar a inclusão da música na caixa com a obra completa de Nara Leão (1942-89), que nos anos 70 dedicou um álbum inteiro a ele e Erasmo. Por causa disso, o álbum teve que mudar de nome, de *E Quero Que Vá Tudo Pro Inferno* para *Debaixo Dos Caracóis Dos Seus Cabelos*. A versão de Nara, de qualquer maneira, está longe de ser a melhor faixa do CD. Mais interessante

---

[118] As outras faixas são: "Eu Te Darei o Céu" (Carlinhos Brown), "Namoradinha de um Amigo Meu" (Tony Platão), "Sua Estupidez" (Paulo Miklos), "Ilegal, Imoral ou Engorda" (Biquíni Cavadão), "Cavalgada" (Vexame), "Quando" (Barão Vermelho), "Todos Estão Surdos" (Chico Science & Nação Zumbi), "Parei na Contramão" (Cássia Eller), "Por Isso Corro Demais" (Marina Lima), "Eu Sou Terrível" (João Penca e Seus Miquinhos Amestrados), "Sentado à Beira do Caminho" (Blitz) e "As Curvas da Estrada de Santos" (Kid Abelha).

é a gravação de Caetano Veloso e Erasmo Carlos, no LP *Erasmo Carlos Convida*, de 1980, quando a canção ainda estava liberada.

Quem deu um jeito de driblar o veto do compositor foi Carlinhos Brown. O criador da timbalada usou todo o seu poder de percussão para dar nova vida a "Eu Te Darei o Céu", a música que, por pressão da Igreja, Roberto Carlos teria feito para compensar a menção anterior ao "inferno". Carlinhos contrabandeia para o "céu" alguns versos do "inferno", embora sem cantar o refrão onde a palavra aparece.

Outra música igualmente emblemática da "Jovem Guarda", "O Calhambeque", também ganhou uma versão de Caetano, que a gravou em 1995 para o álbum coletivo em comemoração aos 30 anos do programa. A música também havia sido interpretada dez anos antes por Lulu Santos, que a incluiu em *Tudo Azul*, dos primeiros tempos de sua carreira solo.

Cássia Eller (1962-2001) escolheu uma música histórica: "Parei na Contramão", a primeira que Roberto e Erasmo assinaram juntos. A gravação deixa poucos vestígios do ingênuo iê-iê-iê. Num andamento mais lento, ela imprime um pouco de malandragem na cadência, desloca o ponto do breque e substitui o som da buzina pela própria voz. É um dos grandes momentos do álbum *Rei*.

SOUL

Talvez nenhuma outra música de Roberto Carlos tenha rendido tão bem em abordagens tão distintas quanto "As Curvas da Estrada de Santos", daquela curta e rica fase do início dos anos 70, que separa o iê-iê-iê do romantismo. Mas quem se aventurou a regravá-la teve de se expor à comparação com a interpretação do próprio compositor, que 40 anos mais tarde não havia envelhecido. Elis Regina aceitou o desafio quando a versão de Roberto Carlos ainda estava fresca na memória do público. Com ela, o *soul* ganhou tal nitidez que nas décadas seguintes ninguém mais precisaria gravá-la de novo como *black music*. Pouco depois, Nara Leão pegou a mesma "estrada", mas em sentido oposto, em direção ao *jazz*. Se Elis enegrecera a música, Nara a embranqueceu, e o fato de as duas leituras serem eficientes só comprova que "As Curvas" nascera com vocação para se tornar um clássico. Nos anos 90, a tese seria reforçada quando Paula Toller, do Kid Abelha, mostrou que ela funciona também numa roupagem mais pop.

Elis e Nara repetiriam a dose com "Se Você Pensa", mas nesse caso a balança pendeu para o lado de Elis. Como visto no terceiro capítulo, a interpretação dela teve importância histórica, ao abrir as portas da MPB para Roberto e Erasmo. "Se Você Pensa" tem ainda uma versão *dance music* de Lulu Santos que deveria ter integrado o álbum *Rei*. Por interesses comerciais de gravadoras, no entanto, a versão foi incluída em *Eu e Memê, Memê e Eu*, álbum de Lulu Santos lançado também em 1994.[119]

Se as músicas de cunho religioso de Roberto Carlos não despertaram o interesse de outros intérpretes, "Todos Estão Surdos" foi exceção. O discurso místico-pacifista antecipava, em 1971, o que mais tarde viria a ser o *rap*. E foi a partir dessa aproximação que Chico Science (1966-1997) refez a música em *Rei*.

---

[119] Memê é como é conhecido o DJ carioca Marcelo Mansur.

Não como o *rap* falado-cantado das periferias de São Paulo, mas misturado à tradição pernambucana que o mangue da Nação Zumbi modernizou. De quebra, Chico Science acrescentou versos de lavra própria, politizando a mensagem religiosa de Roberto Carlos: "Ói, escute/ Você que está aí sentado/ Levante-se/ Há um líder dentro de você/ Governe-o, faça-o falar".

ROMÂNTICAS

As músicas românticas de Roberto e Erasmo sempre foram as mais disputadas pelos intérpretes. Uma das primeiras a gravar a dupla foi Claudette Soares, que, como Roberto Carlos, também teve um pé na bossa nova e outro na "Jovem Guarda", tendo cantado tanto na boate Plaza como no programa juvenil da Record. Claudette gravou "Não Quero Ver Você Triste", cantando os versos que Roberto Carlos só declamava. Mais sucesso fizeram as versões, ambas derramadas, de "Como É Grande o Meu Amor Por Você" e, sobretudo, "Você", gravada em 1974. A interpretação mais conhecida de Claudette Soares, no entanto, é "De Tanto Amor", que Roberto Carlos compôs especialmente para ela em 1971.

As duas intérpretes mais associadas a Roberto Carlos são Nara Leão e Maria Bethânia. Se Elis Regina tivera o papel de avalizar o ex-rei do iê-iê-iê em gravações avulsas no início dos anos 70, coube a Nara fazer o primeiro tributo, ao gravar, em 1978, o CD só com composições da dupla. Não se trata, no entanto, de um trabalho de maior destaque na carreira de quem fora a musa da bossa nova e expoente da música de protesto.

Quinze anos mais tarde, seria a vez de Maria Bethânia dedicar um álbum a Roberto e Erasmo. Afeita ao palco, Bethânia extraiu toda a dramaticidade das canções da dupla. Para ela, cantar Roberto Carlos é natural, como se as músicas de *As Canções Que Você Fez Pra Mim* tivessem sido feitas mesmo para ela. Com repertório basicamente romântico, o álbum teve como carro-chefe "Fera Ferida", até por ter sido tema de abertura da novela homônima da TV Globo. Bethânia recria grandes clássicos, como "Emoções" e "Detalhes", e pinça composições menos conhecidas, como "Palavras" e "Costumes". Gravado em 1993, o repertório ainda é, em grande parte, dos anos 70. Há apenas quatro músicas dos anos 80, sendo que a mais recente delas é "Você Não Sabe", de 1983.

Entre os que gravaram Roberto e Erasmo de forma esparsa, há os reverentes, os bregas e os que superaram as versões originais.

Oswaldo Montenegro ("Como é Grande o Meu Amor Por Você"), Paulo Ricardo ("Por Amor") e Leonardo ("120...150... 200 km por Hora"), por exemplo, foram respeitosos. Já leituras bregas representaram alguma contribuição. Agepê transformou "Cama e Mesa" num pagode, que não é um tratamento inadequado para uma música que compara a amada, entre outras coisas, ao "prato predileto". Da mesma maneira, a banda Vexame pode ter tido a intenção de fazer deboche, mas o fato é que "Cavalgada" combina com o bolerão em que eles a transformaram no CD *Rei*.

Muitas foram as versões que revelaram aspectos insuspeitados das canções. Vale a pena citar três delas. "Sua Estupidez", por Gal Costa, é comumente citada como exemplo de interpretação que valorizou a música ao contrapor a suavidade da voz à agressiva declaração de amor. Mas, até por essa versão ser considerada definitiva, é o caso de mencionar também a de Ná Ozzetti e a de Paulo Miklos. Ná Ozzetti escolheu "Sua Estupidez" como faixa de abertura de seu primeiro CD, de 1988. Expoente da vanguarda paulistana dos anos 80, a cantora relê Roberto Carlos com acentos do Grupo Rumo, surgido na Escola de Comunicações e Artes da USP. Quanto à versão de Paulo Miklos, no CD *Rei*, é mais minimalista que a de Gal. Após uma curta abertura com cordas e metais, a voz entra quase a palo seco, com acordes preenchendo apenas os intervalos da melodia até que a marcação do ritmo, compassada como um metrônomo, conduz a música num crescendo.

CODA

As interpretações de Gal, Ná Ozzetti e Miklos vêm à baila como reafirmação do potencial da obra de Roberto Carlos, sobretudo a produzida nos anos 60 e 70. Como se viu neste capítulo, quase todas as músicas que mereceram regravações datam desse período. Uma das últimas que tiveram releitura foi "Caminhoneiro", de 1984, gravada seis anos depois por Adriana Calcanhotto.

A partir daí, embora tenha diminuído o interesse por suas composições, Roberto Carlos continuou fazendo muito sucesso, no Brasil e no exterior, lançando álbuns todos os anos nos mercados de língua espanhola. Mais recentemente, capitalizou o enorme prestígio alcançado lançando produtos com seu nome e se apresentando em cruzeiros marítimos. É, enfim, o artista mais bem--sucedido da história da música popular brasileira.

Nos final dos anos 70, Caetano Veloso, pensando numa frase dita por Roberto Carlos, escreveu estes versos: "Eu vi muitos cabelos brancos na fronte do artista/ O tempo não para e no entanto ele nunca envelhece" ("Força Estranha"). Trinta anos mais tarde não se viam muitos cabelos brancos na fronte do homem. Mas e o artista, teria envelhecido? É possível que sim. Mas é possível também que essa percepção resulte apenas de um frustrado desejo alheio de uma modernidade infinita, do qual ele seria não mais que mero depositário. De um modo ou outro, será difícil não lhe reconhecer a "força estranha".

Em 2009, Roberto Carlos faz 50 anos de carreira. Eletrizou a garotada dos anos 60, agitou a juventude dos anos 70 e vem, desde então, embalando casais com um romantismo que, nos melhores momentos, é insuperável no gênero. Das centenas de músicas que compôs com Erasmo Carlos, algumas dezenas são antológicas. "Ficaram as Canções", como canta Bethânia em *As Canções Que Você Fez Pra Mim* (1994).

Alguém, no entanto, se lembrará de que o verso continua: "Ficaram as canções/ Mas você não ficou". Sim, mas será que o comentário se aplica a Roberto Carlos? O poeta Waly Salomão (1944-2003) responde em chave tropicalista, aglutinando referências díspares: "Roberto é como a canção do Nat King Cole: *Unforgettable* [Inesquecível]". E explica: "Roberto é um dos símbolos da sensibilidade musical do brasileiro e paira acima dos momentos fracos". Leitor original de Drummond de Andrade, diz de Roberto Carlos: "Foi tão moderno que já é eterno".[120] Waly Salomão podia ser anárquico, contracultural, hiperbólico. Mas tinha uma coisa: não falava sozinho.

---

[120] *O Globo*, 31/10/1993.

CRONOLOGIA

1941 – Em 19 de abril, nasce em Cachoeiro de Itapemirim (ES) Roberto Carlos Braga, o caçula dos quatro filhos da costureira dona Laura e do relojoeiro Robertino.

1947 – Em 29 de junho, Roberto Carlos tem a perna direita amputada na altura da canela, após um acidente com um trem.

1950 – Em outubro, estreia como cantor-mirim numa rádio local.

1956 – Em março, deixa a cidade natal e vai morar em Niterói, na casa de uma tia.

1957 – Muda-se com a família para um subúrbio carioca. Apresenta-se pela primeira vez num programa de televisão, imitando Elvis Presley.

1958 – Em abril, conhece Erasmo Carlos, seu parceiro a partir dos anos 60. Em agosto, ouve "Chega de Saudade", com João Gilberto, a quem passaria a imitar.

1959 – Convertido à bossa nova, é contratado como *crooner* pela boate Plaza, do Rio. Em julho, grava seu primeiro disco, um compacto simples, com "Fora do Tom" e "João e Maria".

1961 – Gravação do primeiro LP, *Louco Por Você*.

1964 – Roberto Carlos é batizado católico. Em julho, depois de uma apresentação num circo em Três Rios, sofre grave acidente automobilístico. Lança, na Argentina, o primeiro disco em espanhol, *Roberto Carlos Canta a la Juventud*.

1965 – Em 22 de agosto, estreia o programa "Jovem Guarda". Em 5 de setembro, nasce Rafael, o primeiro filho de Roberto Carlos. Fruto de um encontro casual com uma fã, o filho só seria reconhecido pelo pai em 1991.

1967 – Em 17 de julho, é realizada em São Paulo a passeata contra as guitarras elétricas, que tem a "Jovem Guarda" como alvo principal.

1968 – Em janeiro, Roberto Carlos se despede da "Jovem Guarda". Em fevereiro, vence o Festival de San Remo. No mesmo mês, estreia o filme *Roberto Carlos em Ritmo de Aventura*. Em maio, casa com Nice, na Bolívia. Em junho, a "Jovem Guarda" chega ao fim. Comanda programas efêmeros na Record, como "Opus

7" e "Roberto Carlos à Noite". Com o lançamento de *O Inimitável*, dá início à fase *soul*. Em 14 de dezembro, nasce o filho Roberto Carlos Braga Segundo, seu filho com Nice.

1970 – Em julho, estreia nos cinemas *Roberto Carlos e o Diamante Cor-de-Rosa*. Em setembro, abertura da temporada que inaugura o Canecão, no Rio.

1971 – Início da fase marcadamente romântica. O casal Roberto e Nice tem uma menina, Luciana.

1973 – Grava a primeira música com apelo sensual, "Proposta".

1974 – Vai ao ar o primeiro especial de fim de ano da TV Globo.

1978 – Roberto Carlos e Nice se separam. Roberto Carlos se muda para o Rio.

1979 – Um coro de criança canta "Amigo", de Roberto Carlos e Erasmo Carlos, para o papa João Paulo 2º, em visita à Cidade do México. Inicia o romance com Myrian Rios.

1981 – Lançamento do seu único álbum em inglês nos Estados Unidos.

1983 – Em abril, início do projeto Emoções, que leva o *show* ao Brasil todo num Boeing fretado.

1985 – Grava "Verde e Amarelo", sua primeira música que, ao saudar a Nova República, trata abertamente da política contemporânea brasileira. Participa, com outros cantores, do programa Nordeste Já, cujo objetivo era levantar recursos para populações carentes do Nordeste.

1986 – Em fevereiro, envia telegrama ao presidente José Sarney, cumprimentando-o por ter censurado o filme *Je Vous Salue, Marie*, de Godard. Apoio à candidatura de Antonio Ermírio de Moraes ao governo do Estado de São Paulo.

1989 – Ganha o Grammy de melhor cantor pop latino. Fim do relacionamento com Myrian Rios.

1991 – Reconhece a paternidade de Rafael Carlos Braga, filho de Maria Lucila Torres.

1992 – Em janeiro, Roberto Carlos e Maria Rita passam a morar juntos.

1993 – Recebe a primeira menção no Guinness, o livro dos recordes, por ser o cantor com mais discos de ouro e platina no mundo.

1996 – Casa-se com Maria Rita Simões.

1997 – Em 28 de janeiro, nasce o primeiro neto, filho de Rafael Carlos. Em 5 de outubro, canta na missa que o papa João Paulo 2º celebra no Aterro do Flamengo, no Rio. No mesmo dia, nasce a primeira neta, Giovanna, filha de Dudu Braga. Ganha, com Erasmo Carlos, o 17º Prêmio Shell da MPB.

1998 – Em abril, se apresenta com o tenor italiano Luciano Pavarotti em Porto Alegre.

1999 – Maria Rita morre, aos 38 anos.

2000 – Em 11 de novembro, Roberto Carlos volta a se apresentar em público, com um *show* em Recife.

2001 – Gravação do "Acústico" da MTV.

2004 – Em julho, Roberto Carlos começa o tratamento do TOC (transtorno obsessivo-compulsivo). Início do projeto Emoções Pra Sempre em Alto-Mar.

2006 – Ganha o Grammy latino de melhor álbum de música romântica (de 2005).

2007 – Torna-se o primeiro cantor latino-americano a atingir a marca de 100 milhões de CDs vendidos no mundo. Um acordo judicial prevê a interrupção definitiva da produção e comercialização de sua biografia não-autorizada.

2008 – *Show* em homenagem a Tom Jobim, com Caetano Veloso.

DISCOGRAFIA E FILMOGRAFIA

As músicas de autoria de Roberto Carlos e Erasmo Carlos estão indicadas pelo crédito RC/EC.

A discografia não inclui as compilações que trazem apenas gravações que aparecem em outros álbuns.

EM PORTUGUÊS

1959
Compacto
1. João e Maria (Carlos Imperial e Roberto Carlos)
2. Fora do Tom (Carlos Imperial)

1960
Compacto
1. Canção do Amor Nenhum (Carlos Imperial)
2. Brotinho Sem Juízo (Carlos Imperial)

1961
Louco Por Você
1. Não É Por Mim (Carlos Imperial e Fernando César)
2. Olhando Estrelas (Look For a Star) (Mark Anthony, versão de Paulo Rogério)
3. Só Você (Edson Ribeiro e Renato Côrte Real)
4. Mr. Sandman (Pat Ballard, versão de Carlos Alberto)

5. Ser Bem (Carlos Imperial)
6. Chore Por Mim (Cry Me a River) (Arthur Hamilton, versão de Júlio Nagib)
7. Louco Por Você (Careful, Careful) (Paul Vance e Lee Pockriss, versão de Carlos Imperial)
8. Linda (Bill Caeser, versão de Carlos Imperial)
9. Chorei (Carlos Imperial)
10. Se Você Gostou (Carlos Imperial e Fernando César)
11. Solo Per Te (A. Minco, versão de Renato Côrte Real)
12. Eternamente (Forever) (Bob Marcucci e Peter de Angelis, versão de Carlos Imperial)

Compacto
1. Louco Por Você (Careful, Careful) (Paul Vance e Lee Pockriss, versão de Carlos Imperial)
2. Não É Por Mim (Carlos Imperial e Fernando César)

1962
Compacto
1. Fim de Amor (Runaround Sue) (Dion)
2. Malena (Rossini Pinto)

Compacto
1. Susie (Roberto Carlos)
2. Triste e Abandonado (Hélio Justo e Erly Muniz)

1963
Compacto
1. Splish Splash (Bobby Darin e Jean Murray, versão de Erasmo Carlos)
2. Baby, Meu Bem (Hélio Justo e Titto Santos)

Splish Splash
1. Parei na Contramão (RC/EC)
2. Quero Me Casar Contigo (Carlos Alberto, Adilson Silva e Cláudio Moreno)
3. Splish Splash (Bobby Darin e Jean Murray, versão de Erasmo Carlos)
4. Só Por Amor (Luiz Ayrão)
5. Na Lua Não Há (Helena dos Santos)
6. É Preciso Ser Assim (RC/EC)
7. Onde Anda o Meu Amor (Hélio Justo e Erly Muniz)
8. Nunca Mais Te Deixarei (Paulo Roberto e Jovenil Santos)
9. Professor de Amor (I Gotta Know) (Matt Williams e Paul Evans, versão de Marcos Moran)
10. Baby, Meu Bem (Hélio Justo e Titto Santos)
11. Oração de um Triste (José Messias)
12. Relembrando Malena (Rossini Pinto)

1964
Compacto
1. Parei na Contramão (RC/EC)
2. Na Lua Não Há (Helena dos Santos)

Compacto
1. É Proibido Fumar (RC/EC)
2. Minha História de Amor (José Messias)

É Proibido Fumar
1. É Proibido Fumar (RC/EC)
2. Um Leão Está Solto Nas Ruas (Rossini Pinto)
3. Rosinha (Oswaldo Audi e Athayde Júlio)
4. Broto do Jacaré (RC/EC)
5. Jura-Me (Jovenil Santos)
6. Meu Grande Bem (Helena dos Santos)
7. O Calhambeque (Road Hog) (Gwen Loudermilk e John D. Loudermilk, versão de Erasmo Carlos)
8. Minha História de Amor (José Messias)
9. Nasci Para Chorar (Born to Cry) (Dion DiMucci, versão de Erasmo Carlos)
10. Amapola (Joseph LaCalle, versão de Roberto Carlos)
11. Louco Não Estou Mais (RC/EC)
12. Desamarre o Meu Coração (Unchain My Heart) (Agnes Jones e Freddy James, versão de Roberto Carlos)

1965
Roberto Carlos Canta Para a Juventude
1. História de um Homem Mau (Ol' Man Mose) (Louis Armstrong, Zilner Trenton Randolph, versão de Roberto Rei)
2. Noite de Terror (Getúlio Côrtes)
3. Como É Bom Saber (Helena dos Santos)
4. Os Sete Cabeludos (RC/EC)
5. Parei... Olhei (Rossini Pinto)
6. Os Velhinhos (José Messias)
7. Eu Sou Fã do Monoquíni (RC/EC)
8. Aquele Beijo Que Te Dei (Edson Ribeiro)
9. Brucutu (Alley-oop) (Dallas Frazier, versão de Rossini Pinto)
10. Não Quero Ver Você Triste (RC/EC)
11. A Garota do Baile (RC/EC)
12. Rosita (Francisco Lara e Jovenil Santos)

Jovem Guarda
1. Quero Que Vá Tudo Pro Inferno (RC/EC)

2. Lobo Mau (The Wanderer) (Earnest Mareska, versão de Hamilton di Giorgio)
3. Coimbra (Raul Ferrão e José Galhardo)
4. Sorrindo Para Mim (Helena dos Santos)
5. O Feio (Getúlio Côrtes e Renato Barros)
6. O Velho Homem do Mar (Roberto Rei)
7. Eu Te Adoro Meu Amor (Rossini Pinto)
8. Pega Ladrão (Getúlio Côrtes)
9. Gosto do Jeitinho Dela (Othon Russo e Niquinho)
10. Escreva Uma Carta Meu Amor (Pilombeta e Tito Silva)
11. Não É Papo Pra Mim (RC/EC)
12. Mexerico da Candinha (RC/EC)

1966
Roberto Carlos
1. Eu Te Darei o Céu (RC/EC)
2. Nossa Canção (Luiz Ayrão)
3. Querem Acabar Comigo (Roberto Carlos)
4. Esqueça (Forget Him) (Mark Anthony, versão de Roberto Côrte Real)
5. Negro Gato (Getúlio Côrtes)
6. Eu Estou Apaixonado Por Você (RC/EC)
7. Namoradinha de um Amigo Meu (Roberto Carlos)
8. O Gênio (Getúlio Côrtes)
9. Não Precisas Chorar (Edson Ribeiro)
10. É Papo Firme (Renato Corrêa e Donaldson Gonçalves)
11. Esperando Você (Helena dos Santos)
12. Ar de Moço Bom (Niquinho e Othon Russo)

1967
Compacto
1. Só Vou Gostar de Quem Gosta de Mim (Rossini Pinto)
2. Tudo Que Sonhei (Pilombeta)

Compacto
1. Eu Daria a Minha Vida (Martinha)
2. Fiquei Tão Triste (Helena dos Santos)

Roberto Carlos em Ritmo de Aventura
1. Eu Sou Terrível (RC/EC)
2. Como É Grande o Meu Amor Por Você (Roberto Carlos)
3. Por Isso Corro Demais (Roberto Carlos)
4. Você Deixou Alguém a Esperar (Edson Ribeiro)
5. De Que Vale Tudo Isso? (Roberto Carlos)
6. Folhas de Outono (Francisco Lara e Jovenil Santos)

7. Quando (Roberto Carlos)
8. É Tempo de Amar (José Ari e Pedro Camargo)
9. Você Não Serve Pra Mim (Renato Barros)
10. E Por Isso Estou Aqui (Roberto Carlos)
11. O Sósia (Getúlio Côrtes)
12. Só Vou Gostar de Quem Gosta de Mim (Rossini Pinto)

1968
O Inimitável
1. E Não Vou Mais Deixar Você Tão Só (Antonio Marcos)
2. Ninguém Vai Tirar Você de Mim (Edson Ribeiro e Hélio Justo)
3. Se Você Pensa (RC/EC)
4. É Meu, É Meu, É Meu (RC/EC)
5. Quase Fui Lhe Procurar (Getúlio Côrtes)
6. Eu Te Amo, Te Amo, Te Amo (RC/EC)
7. As Canções Que Você Fez Pra Mim (RC/EC)
8. Nem Mesmo Você (Helena dos Santos)
9. Ciúme de Você (Luiz Ayrão)
10. Não Há Dinheiro Que Pague (Renato Barros)
11. O Tempo Vai Apagar (Paulo César Barros e Getúlio Côrtes)
12. Madrasta (Renato Teixeira e Beto Ruschell)

1969
Roberto Carlos
1. As Flores do Jardim da Nossa Casa (RC/EC)
2. Aceito Seu Coração (Puruca)
3. Nada Vai Me Convencer (Paulo César Barros)
4. Do Outro Lado da Cidade (Helena dos Santos)
5. Quero Ter Você Perto de Mim (Nenéo)
6. Diamante Cor-de-Rosa (RC/EC)
7. Não Vou Ficar (Tim Maia)
8. As Curvas da Estrada de Santos (RC/EC)
9. Sua Estupidez (RC/EC)
10. Oh, Meu Imenso Amor (RC/EC)
11. Não Adianta (Edson Ribeiro)
12. Nada Tenho a Perder (Getúlio Côrtes)

1970
Compacto
1. 120… 150… 200 km Por Hora (RC/EC)
2. A Palavra Adeus (Fred Jorge)

Roberto Carlos Narra Pedro e o Lobo, op. 67
1. Roberto Carlos Narra Pedro e o Lobo

2. New York Philharmonic Orchestra – Semiramide (Overture)
3. New York Philharmonic Orchestra – Overture to Oberon (Album version)

Roberto Carlos
1. Ana (RC/EC)
2. Uma Palavra Amiga (Getúlio Côrtes)
3. Vista a Roupa Meu Bem (RC/EC)
4. Meu Pequeno Cachoeiro (Meu Cachoeiro) (Raul Sampaio)
5. O Astronauta (Edson Ribeiro e Helena dos Santos)
6. Se Eu Pudesse Voltar no Tempo (Pedro Paulo e Luiz Carlos Ismail)
7. Preciso Lhe Encontrar (Demétrius)
8. Minha Senhora (RC/EC)
9. Jesus Cristo (RC/EC)
10. Pra Você (Silvio César)
11. 120… 150… 200 km Por Hora (RC/EC)
12. Maior Que o Meu Amor (Renato Barros)

1971
Roberto Carlos
1. Detalhes (RC/EC)
2. Como Dois e Dois (Caetano Veloso)
3. A Namorada (Maurício Duboc e Carlos Colla)
4. Você Não Sabe o Que Vai Perder (Renato Barros)
5. Traumas (RC/EC)
6. Eu Só Tenho um Caminho (Getúlio Côrtes)
7. Todos Estão Surdos (RC/EC)
8. Debaixo Dos Caracóis Dos Seus Cabelos (RC/EC)
9. Se Eu Partir (Fred Jorge)
10. I Love You (RC/EC)
11. De Tanto Amor (RC/EC)
12. Amada Amante (RC/EC)

1972
Roberto Carlos
1. À Janela... (RC/EC)
2. Como Vai Você? (Antonio Marcos e Mario Marcos)
3. Você É Linda (RC/EC)
4. Negra (Maurício Duboc e Carlos Colla)
5. Acalanto (Dorival Caymmi)
6. Por Amor (RC/EC)
7. À Distância (RC/EC)
8. A Montanha (RC/EC)
9. Você Já Me Esqueceu (Fred Jorge)

10. Quando as Crianças Saírem de Férias (RC/EC)
11. O Divã (RC/EC)
12. Agora Eu Sei (Edson Ribeiro e Helena dos Santos)

1973
Roberto Carlos
 1. A Cigana (RC/EC)
 2. Atitudes (Getúlio Côrtes)
 3. Proposta (RC/EC)
 4. Amigos, Amigos (Isolda e Milton Carlos)
 5. O Moço Velho (Silvio César)
 6. Palavras (RC/EC)
 7. El Día Que Me Quieras (Carlos Gardel e Alfredo Le Pera)
 8. Não Adianta Nada (Fred Jorge)
 9. O Homem (RC/EC)
10. Rotina (RC/EC)

1974
Roberto Carlos
 1. Despedida (RC/EC)
 2. Quero Ver Você de Perto (Benito di Paula)
 3. O Portão (RC/EC)
 4. Ternura Antiga (J. Ribamar e Dolores Duran)
 5. Você (RC/EC)
 6. É Preciso Saber Viver (RC/EC)
 7. Eu Quero Apenas (RC/EC)
 8. Jogo de Damas (Isolda e Milton Carlos)
 9. Resumo (Mario Marcos e Eunice Barbosa)
10. A Deusa da Minha Rua (Newton Teixeira e Jorge Faraj)
11. A Estação (RC/EC)
12. Eu Me Recordo (Yo Te Recuerdo) (Amando Manzanero – versão de Roberto Carlos)

1975
Roberto Carlos
 1. Quero Que Vá Tudo Pro Inferno (RC/EC)
 2. O Quintal do Vizinho (RC/EC)
 3. Inolvidable (Julio Gutierrez)
 4. Amanheceu (Benito di Paula)
 5. Existe Algo Errado (Maurício Duboc e Carlos Colla)
 6. Olha (RC/EC)
 7. Além do Horizonte (RC/EC)
 8. Elas Por Elas (Isolda e Milton Carlos)
 9. Desenhos na Parede (Beto Ruschell e Cezar de Mercês)

10. Seu Corpo (RC/EC)
   11. El Humahuaqueño (Edmundo Zaldivar)
   12. Mucuripe (Fagner e Belchior)

1976
San Remo 1968
   1. Canzone Per Te (Sergio Endrigo e Sergio Bardotti)
   2. Eu Daria a Minha Vida (Martinha)
   3. Maria, Carnaval e Cinzas (Luiz Carlos Paraná)
   4. Você Me Pediu (Luiz Fabiano)
   5. Com Muito Amor e Carinho (Eduardo Araújo e Chil Deberto)
   6. Sonho Lindo (Maurício Duboc e Carlos Colla)
   7. Un Gatto Nel Blu (Toto Sávio)
   8. O *Show* Já Terminou (RC/EC)
   9. Ai Que Saudades da Amélia (Ataulpho Alves e Mário Lago)
   10. Custe o Que Custar (Edson Ribeiro e Hélio Justo)
   11. Eu Amo Demais (Renato Corrêa)
   12. Eu Disse Adeus (RC/EC)

Roberto Carlos
   1. Ilegal, Imoral ou Engorda (RC/EC)
   2. Os Seus Botões (RC/EC)
   3. O Progresso (RC/EC)
   4. Preciso Chamar Sua Atenção (RC/EC)
   5. O Dia-a-Dia (Nenéo e Fred Jorge)
   6. Pelo Avesso (Isolda e Milton Carlos)
   7. Você na Minha Vida (RC/EC)
   8. A Menina e o Poeta (Wando)
   9. Comentários (Carlos Colla e Maurício Duboc)
   10. Minha Tia (RC/EC)
   11. Um Jeito Estúpido de Te Amar (Isolda e Milton Carlos)
   12. Por Motivo de Força Maior (Getúlio Côrtes)

1977
Roberto Carlos
   1. Amigo (RC/EC)
   2. Nosso Amor (Mauro Motta e Eduardo Ribeiro)
   3. Falando Sério (Maurício Duboc e Carlos Colla)
   4. Muito Romântico (Caetano Veloso)
   5. Solamente Una Vez (Augustin Lara)
   6. Ternura (Somehow It Got to Be Tomorrow) (Today) (Estelle Levitt e Kenny Karen – versão de Rossini Pinto)
   7. Cavalgada (RC/EC)
   8. Não Se Esqueça de Mim (RC/EC)

9. Jovens Tardes de Domingo (RC/EC)
10. Pra Ser Só Minha Mulher (Ronnie Von e Tony Osanah)
11. Outra Vez (Isolda)
12. Sinto Muito, Minha Amiga (RC/EC)

1978
Roberto Carlos
1. Fé (RC/EC)
2. A Primeira Vez (RC/EC)
3. Mais Uma Vez (Maurício Duboc e Carlos Colla)
4. Lady Laura (RC/EC)
5. Vivendo Por Viver (Márcio Greyck e Cobel)
6. Música Suave (RC/EC)
7. Café da Manhã (RC/EC)
8. Tente Esquecer (Isolda)
9. Força Estranha (Caetano Veloso)
10. Por Fin Mañana (Armando Manzareno)
11. Todos os Meus Rumos (Fred Jorge)

1979
Roberto Carlos
1. Na Paz do Seu Sorriso (RC/EC)
2. Abandono (Ivor Lancellotti)
3. O Ano Passado (RC/EC)
4. Esta Tarde Vi Llover (Armando Manzanero)
5. Me Conte a Sua História (Maurício Duboc e Carlos Colla)
6. Desabafo (RC/EC)
7. Voltei ao Passado (Mauro Motta e Eduardo Ribeiro)
8. Meu Querido, Meu Velho, Meu Amigo (RC/EC)
9. Costumes (RC/EC)
10. Às Vezes Penso (Eduardo Lages e Paulo Sérgio Valle)

1980
Roberto Carlos
1. A Guerra Dos Meninos (RC/EC)
2. O Gosto de Tudo (RC/EC)
3. A Ilha (Djavan)
4. Eu Me Vi Tão Só (Mauro Motta e Eduardo Ribeiro)
5. Passatempo (Maurício Duboc e Carlos Colla)
6. Não se Afaste de Mim (RC/EC)
7. Procura-se (Roberto Carlos e Ronaldo Bôscoli)
8. Amante à Moda Antiga (RC/EC)
9. Tentativa (Márcio Greyck)
10. Confissão (Eduardo Lages e Paulo Sérgio Valle)

1981
Roberto Carlos
1. Ele Está Pra Chegar (RC/EC)
2. Simples Mágica (Regininha)
3. As Baleias (RC/EC)
4. Tudo Para (RC/EC)
5. Doce Loucura (Maurício Duboc e Carlos Colla)
6. Cama e Mesa (RC/EC)
7. Emoções (RC/EC)
8. Quando o Sol Nascer (Mauro Motta e Eduardo Ribeiro)
9. Eu Preciso de Você (RC/EC)
10. Olhando Estrelas (Eduardo Lages e Paulo Sérgio Valle)

1982
Roberto Carlos
1. Amiga (RC/EC) (Participação especial de Maria Bethânia)
2. Coisas Que Não se Esquece (Mauro Motta e Eduardo Ribeiro)
3. Fim de Semana (RC/EC)
4. Pensamentos (RC/EC)
5. Quantos Momentos Bonitos (Maurício Duboc e Carlos Colla)
6. Meus Amores da Televisão (RC/EC)
7. Fera Ferida (RC/EC)
8. Como É Possível? (Sérgio Sá e Isolda)
9. Recordações (Edson Ribeiro e Helena dos Santos)
10. Como Foi... (Eduardo Lages e Paulo Sérgio Valle)

1983
Roberto Carlos
1. O Amor É a Moda (RC/EC)
2. Recordações e Mais Nada (Roberto Carlos e Fred Jorge)
3. Estou Aqui (RC/EC)
4. Preciso de Você (Mauro Motta e Eduardo Ribeiro)
5. Me Disse Adeus (Eduardo Lages e Paulo Sérgio Valle)
6. Você Não Sabe (RC/EC)
7. O Côncavo e o Convexo (RC/EC)
8. No Mesmo Verão (RC/EC)
9. Perdoa (RC/EC)
10. A Partir Desse Instante (Maurício Duboc e Carlos Colla)

1984
Roberto Carlos
1. Coração (RC/EC)
2. Eu e Ela (Mauro Mota, Robson Borges e Lincoln Olivetti)
3. Aleluia (RC/EC)
4. Lua Nova (RC/EC)

5. Cartas de Amor (Love Letters) (Edward Helman e Victor Young – versão de Lourival Faissal)
6. Caminhoneiro (RC/EC e John Hartford)
7. Eu Te Amo (And I Love Her) (John Lennon e Paul McCartney – versão de Roberto Carlos)
8. Sabores (Mauro Motta e Cláudio Rabello)
9. As Mesmas Coisas (Maurício Duboc e Carlos Colla)

1985
Roberto Carlos
1. Verde e Amarelo (RC/EC)
2. De Coração Pra Coração (Mauro Motta, Robson Borges, Lincoln Olivetti e Isolda)
3. Só Vou Se Você For (RC/EC)
4. Paz na Terra (RC/EC)
5. Contradições (Eduardo Lages e Paulo Sérgio Valle)
6. Pelas Esquinas da Nossa Casa (RC/EC)
7. Símbolo Sexual (RC/EC)
8. A Atriz (RC/EC)
9. Você na Minha Mente (Mauro Motta, Robson Borges, Lincoln Olivetti e Carlos Colla)
10. Da Boca Pra Fora (Maurício Duboc e Carlos Colla)

1986
Roberto Carlos
1. Apocalipse (RC/EC)
2. Do Fundo do Meu Coração (RC/EC)
3. Amor Perfeito (Michael Sullivan, Paulo Massadas, Lincoln Olivetti e Robson Borges)
4. Quando Vi Você Passar (Mauro Motta e Isolda)
5. Eu Sem Você (Maurício Duboc e Carlos Colla)
6. Nega (RC/EC)
7. O Nosso Amor (RC/EC)
8. Tente Viver Sem Mim (Mauro Motta, Robson Borges e Lincoln Olivetti)
9. Aquela Casa Simples (RC/EC)
10. Eu Quero Voltar Pra Você (Eduardo Lages e Paulo Sérgio Valle)

1987
Roberto Carlos
1. Tô Chutando Lata (RC/EC)
2. Menina (RC/EC)
3. Águia Dourada (RC/EC)
4. Coisas do Coração (Eduardo Lages e Paulo Sérgio Valle)
5. Canção do Sonho Bom (Mauro Motta, Robson Borges, Lincoln Olivetti e Ronaldo Bastos)

6. O Careta (RC/EC)
7. Antigamente Era Assim (RC/EC)
8. Ingênuo e Sonhador (Maurício Duboc e Carlos Colla)
9. Aventuras (Antonio Marcos e Mario Marcos)
10. Todo Mundo Está Falando (Everybody's Talking)
    (Fred Neil – versão de Roberto Carlos e Erasmo Carlos)

1988
Ao Vivo
1. Abertura (Instrumental) (RC/EC)
2. Proposta (RC/EC)
3. Emoções (RC/EC)
4. Lobo Mau (Earnest Mareska – versão de Hamilton de Giorgio)
5. Eu Sou Terrível (RC/EC)
6. Amante à Moda Antiga (RC/EC)
7. Canzone Per Te (Sergio Endrigo e Sergio Bardotti)
8. Outra Vez (Isolda)
9. Seu Corpo (RC/EC)
10. Café da Manhã (RC/EC)
11. Os Seus Botões (RC/EC)
12. Falando Sério (Maurício Duboc e Carlos Colla)
13. O Côncavo e o Convexo (RC/EC)
14. Eu e Ela (Mauro Motta, Robson Borges e Lincoln Olivetti)
15. Detalhes (RC/EC)
16. Imagine (John Lennon) (Participação especial de Gabriela)
17. Ele Está Pra Chegar (RC/EC)

Roberto Carlos
1. Se Diverte e Já Não Pensa em Mim (RC/EC)
2. Todo Mundo É Alguém (RC/EC)
3. Se Você Disser Que Não Me Ama (RC/EC)
4. Como as Ondas do Mar (Marcos Valle e Carlos Colla)
5. Se o Amor se Vai (Si el Amor se vá) (Roberto Livi, Bebu Silvetti, Roberto Carlos e Carlos Colla)
6. Papo de Esquina (RC/EC) (participação especial de Erasmo Carlos)
7. Eu Sem Você (Mauro Motta e Carlos Colla)
8. O Que É Que Eu Faço? (RC/EC)
9. Toda Vã Filosofia (Guilherme Arantes)
10. Volver (Carlos Gardel e Alfredo Le Pera)

1989
Roberto Carlos
1. Amazônia (RC/EC)
2. Tolo (RC/EC)

3. O Tempo e o Vento (RC/EC)
4. Se Você Me Esqueceu (Roberto Livi e Carlos Colla)
5. Pássaro Ferido (RC/EC)
6. Nem às Paredes Confesso (Arthur Ribeiro, Ferrer Trindade e Maximiniano de Souza)
7. Só Você Não Sabe (RC/EC)
8. Sonrie (Smile) (Charles Chaplin, John Turner, Geoffrey Parsons – versão de Roberto Livi)
9. Se Você Pretende (Mauro Motta e Carlos Colla)

1990
Roberto Carlos
1. Super-Herói (RC/EC)
2. Meu Ciúme (Michael Sullivan e Paulo Massadas)
3. Por Ela (Por Ella) (José Miguel Soto – versão de Biafra e Aloysio Reis)
4. Pobre de Quem Me Tiver Depois de Você (RC/EC)
5. Cenário (Eduardo Lages e Paulo Sérgio Valle)
6. Quero Paz (RC/EC)
7. Um Mais Um (Gilson e Carlos Colla)
8. Porque a Gente se Ama (RC/EC)
9. Como as Ondas Voltam Para o Mar (RC/EC)
10. Mujer (Roberto Livi e Salako)

1991
Roberto Carlos
1. Todas as Manhãs (RC/EC)
2. Primeira-Dama (RC/EC)
3. Se Você Quer (Si Piensas… Si Quieres) (Roberto Livi, Alejandro Vezzani – adaptação de Roberto Carlos e Carlos Colla) (Participação especial de Fafá de Belém)
4. Não Me Deixes (Marcos Valle e Carlos Colla)
5. Oh, oh, oh, oh (Roberto Livi e Salako)
6. Luz Divina (RC/EC)
7. Pergunte Pro Seu Coração (Michael Sullivan e Paulo Massadas)
8. Diga-Me Coisas Bonitas (RC/EC)
9. Mudança (Biafra, Nilo Pinta e Aloysio Reis)

1992
Roberto Carlos
1. Você É Minha (RC/EC)
2. Mulher Pequena (RC/EC)
3. De Coração (Eduardo Lages e Paulo Sérgio Valle)

4. Você Como Vai? (E Tu Come Stai?) (Cláudio Baglioni – versão de Roberto Carlos e Erasmo Carlos)
5. Dito e Feito (Altay Veloso)
6. Herói Calado (RC/EC)
7. Eu Preciso Desse Amor (Michael Sullivan e Paulo Massadas)
8. Você Mexeu Com a Minha Vida (Mauro Motta e Paulo Sérgio Valle)
9. Dizem Que um Homem Não Deve Chorar (Nova Flor) (Los Hombres no Deben Llorar) (Palmeira, Mário Zan, Pepe Ávila – adaptação de Roberto Carlos e Erasmo Carlos)
10. Una en un Millón (Roberto Livi e Alejandro Vezzani)

1993
Roberto Carlos
1. O Velho Caminhoneiro (RC/EC)
2. Coisa Bonita (Gordinha) (RC/EC)
3. Hoje É Domingo (Nenéo e Dalmo Belote)
4. Obsessão (RC/EC)
5. Nossa Senhora (RC/EC)
6. Tanta Solidão (Mauro Motta, Marcos Valle e Paulo Sérgio Valle)
7. Se Você Pensa (RC/EC)
8. Parabéns (Altay Veloso)
9. Mis Amores (Roberto Livi e Bebu Silvetti)

1994
Roberto Carlos
1. Alô (RC/EC)
2. Quero Lhe Falar do Meu Amor (RC/EC)
3. O Taxista (RC/EC)
4. Custe o Que Custar (Edson Ribeiro e Hélio Justo)
5. Jesus Salvador (RC/EC)
6. Meu Coração Ainda Quer Você (Mauro Motta, Robson Jorge e Paulo Sérgio Valle)
7. Quando a Gente Ama (RC/EC)
8. Silêncio (Beto Surian)
9. Eu Nunca Amei Alguém Como Eu Te Amei (Eduardo Lages e Paulo Sérgio Valle)

1995
Roberto Carlos
1. Amigo, Não Chore Por Ela (RC/EC)
2. O Charme Dos Seus Óculos (RC/EC)
3. O Coração Não Tem Idade (RC/EC)
4. Pra Ficar Com Você (Mauro Motta e Carlos Colla)
5. Quando Eu Quero Falar Com Deus (RC/EC)

6. Romântico (RC/EC)
7. Nunca Te Esqueci (Eduardo Lages e Paulo Sérgio Valle)
8. Quase Fui Lhe Procurar (Getúlio Côrtes)
9. Sonho de Amor (Fernando de Souza, Mário Avellar e Edilson Campos)

1996
Roberto Carlos
1. Mulher de 40 (RC/EC)
2. Cheirosa (RC/EC)
3. Quando Digo Que Te Amo (RC/EC)
4. Amor Antigo (RC/EC)
5. Como É Grande o Meu Amor Por Você (Roberto Carlos)
6. O Terço (RC/EC)
7. Tem Coisas Que a Gente Não Tira do Coração (RC/EC)
8. Comandante do Seu Coração (RC/EC)
9. Assunto Predileto (Eduardo Lages e Paulo Sérgio Valle)
10. O Homem Bom (Paulo Sete e Clayton Querido – adaptação de texto de Roberto Carlos)

1998
Roberto Carlos
1. Meu Menino Jesus (RC/EC)
2. O Baile da Fazenda (RC/EC)
3. Eu Te Amo Tanto (Roberto Carlos)
4. Vê se Volta Pra Mim (Eduardo Lages e Paulo Sérgio Valle)
5. De Tanto Amor (RC/EC)[121]
6. Debaixo Dos Caracóis Dos Seus Cabelos (RC/EC)
7. Nossa Canção (Luiz Ayrão)
8. Amada Amante (RC/EC)
9. Falando Sério (Maurício Duboc e Carlos Colla)
10. Outra Vez (Isolda)

1999
Mensagens
1. Jesus Cristo (RC/EC)
2. Nossa Senhora (RC/EC)
3. Luz Divina (RC/EC)
4. O Terço (RC/EC)
5. Jesus Salvador (RC/EC)
6. Aleluia (RC/EC)

---

[121] A partir dessa faixa as gravações são ao vivo.

7. Fé (RC/EC)
  8. A Montanha (RC/EC)
  9. Estou Aqui (RC/EC)
  10. Ele Está Pra Chegar (RC/EC)
  11. Quando Eu Quero Falar Com Deus (RC/EC)
  12. Coração de Jesus (RC/EC)

30 grandes sucessos
Volume 1:
  1. Todas as Nossas Senhoras (RC/EC)
  2. Detalhes (RC/EC)
  3. Lady Laura (RC/EC)
  4. Quando Eu Quero Falar Com Deus (RC/EC)
  5. Como É Grande o Meu Amor Por Você (Roberto Carlos)
  6. O Calhambeque (Road Hog) (Gwen Loudermilk e John D. Loudermilk, versão de Erasmo Carlos)
  7. Não Quero Ver Você Triste (RC/EC)
  8. Nossa Senhora (RC/EC)
  9. Debaixo Dos Caracóis Dos Seus Cabelos (RC/EC)
  10. O Portão (RC/EC)
  11. Fera Ferida (RC/EC)
  12. Como Vai Você? (Antonio Marcos e Mario Marcos)
  13. Proposta (RC/EC)
  14. Cavalgada (RC/EC)
  15. Outra Vez (Isolda)
  16. Canzone Per Te (Sergio Endrigo e Sergio Bardotti)

Volume 2:
  1. Todas as Nossas Senhoras (RC/EC)
  2. Eu Te Amo Tanto (Roberto Carlos)
  3. Jesus Salvador (RC/EC)
  4. Quero Lhe Falar do Meu Amor (RC/EC)
  5. Emoções (RC/EC)
  6. Amigo (RC/EC)
  7. Caminhoneiro (RC/EC)
  8. Falando Sério (Maurício Duboc e Carlos Colla)
  9. Desabafo (RC/EC)
  10. Amada Amante (RC/EC)
  11. Assunto Predileto (Eduardo Lages e Paulo Sérgio Valle)
  12. Café da Manhã (RC/EC)
  13. Mulher de 40 (RC/EC)
  14. Alô (RC/EC)
  15. Aleluia (RC/EC)

2000
Amor Sem Limite
1. O Grande Amor da Minha Vida (Roberto Carlos)
2. Amor Sem Limite (Roberto Carlos)
3. O Grude (Um do Outro) (Roberto Carlos)
4. O Amor É Mais (Roberto Carlos)
5. Eu Te Amo Tanto (Roberto Carlos)
6. Tudo (Martinha)
7. Tu És a Verdade, Jesus (RC/EC)
8. Mulher Pequena (RC/EC)
9. Quando Digo Que Te Amo (RC/EC)
10. Momentos Tão Bonitos (Eduardo Lages e Paulo Sérgio Valle)

2001
Acústico MTV
1. Além do Horizonte (RC/EC)
2. As Curvas da Estrada de Santos (RC/EC)
3. Parei na Contramão (RC/EC)
4. Detalhes (RC/EC)
5. Por Isso Corro Demais (Roberto Carlos)
6. É Proibido Fumar (RC/EC)
7. Todos Estão Surdos (RC/EC)
8. Eu Te Amo Tanto (Roberto Carlos)
9. O Grude (Um do Outro) (Roberto Carlos)
10. Eu Te amo, Te Amo, Te Amo (RC/EC)
11. O Calhambeque (Road Hog) (Gwen Loudermilk e John D. Loudermilk, versão de Erasmo Carlos)
12. É Preciso Saber Viver (RC/EC)
13. Emoções (RC/EC)
14. Jesus Cristo (RC/EC)

2002
Roberto Carlos[122]
1. Seres Humanos (RC/EC)
2. Emoções (RC/EC)
3. Como É Grande o Meu Amor Por Você (Roberto Carlos)
4. Amor Perfeito (Michael Sullivan, Paulo Massadas, Lincoln Olivetti e Robson Borges)
5. Parei na Contramão (RC/EC)
6. Força Estranha (Caetano Veloso)

---

[122] Ao vivo, no Aterro do Flamengo, com exceção de "Seres Humanos" e dos remix de "Se Você Pensa" e "O Calhambeque".

7. E Por Isso Estou Aqui (Roberto Carlos)
8. Proposta (RC/EC)
9. Luz Divina (RC/EC)
10. Eu Te Amo Tanto (Roberto Carlos)
11. Amor Sem Limite (Roberto Carlos)
12. Jesus Cristo (RC/EC)
13. Se Você Pensa (Memê Super Club Mix 2002) (RC/EC)
14. O Calhambeque (Road Hog) (XRS remix / Radio Edit) (Gwen Loudermilk e John D. Loudermilk, versão de Erasmo Carlos)

2003
Pra Sempre
1. Pra Sempre (Roberto Carlos)
2. Todo Mundo Me Pergunta (Roberto Carlos)
3. Acróstico (Roberto Carlos)
4. Com Você (Roberto Carlos)
5. O Encontro (Roberto Carlos)
6. Como Eu Te Amo (Mauro Motta e Carlos Colla)
7. O Cadillac (RC/EC)
8. Seres Humanos (RC/EC)
9. História de Amor (Lula Barbosa e Pedro Baresi)
10. Eu Vou Sempre Amar Você (Eduardo Lages e César Augusto)

2004
Pra Sempre – Ao Vivo no Pacaembu
1. Emoções (RC/EC)
2. Café da Manhã (RC/EC)
3. Ilegal, Imoral ou Engorda (RC/EC)
4. O Calhambeque (Road Hog) (Gwen Loudermilk e John D. Loudermilk, versão de Erasmo Carlos)
5. O Cadillac (RC/EC)
6. Acróstico (Roberto Carlos)
7. Olha (RC/EC)
8. Os Seus Botões (RC/EC)
9. Outra Vez (Isolda)
10. Pra Sempre (Roberto Carlos)
11. Cavalgada (RC/EC)
12. É Preciso Saber Viver (RC/EC)
13. Coração (RC/EC)
14. Jesus Cristo (RC/EC)
15. A Volta (RC/EC)

2005
Roberto Carlos
1. Promessa (RC/EC)

2. A Volta (RC/EC)
3. O Amor É Mais (versão 2005) (RC/EC)
4. Arrasta Uma Cadeira (RC/EC) (Participação especial de Chitãozinho & Xororó)
5. O Baile da Fazenda (versão 2005) (RC/EC)
6. Coração Sertanejo (Neuma Moraes e Neon Moraes)
7. Índia (M. Ortiz Guerrero e J. Asunción – versão de José Fortuna)
8. Meu Pequeno Cachoeiro (versão 2005) (Raul Sampaio)
9. Loving You (Leiber e Stoller)

2006
Duetos
1. Pot Pourri Com Erasmo Carlos (1977). Tutti Frutti (Dorothy Labostrie, Richard Penniman e Lubin); Long Tall Sally (Johnson, Penniman e Blckwell); Hound Dog (Jerry Leiber); Blue Suede Shoes (Carl Perkins); Love Me Tender (Vera Matson e Elvis Presley)
2. Ternura (Estelle Levitt e Kenny Karen – versão de Rossini Pinto) – com Wanderléa (1990)
3. Ligia (Antonio Carlos Jobim) – com Tom Jobim (1978)
4. Coração de Estudante (Milton Nascimento e Wagner Tiso) - com Milton Nascimento (1985)
5. Sua Estupidez (RC/EC) – com Gal Costa (1997)
6. Mucuripe (Fagner e Belchior) – com Fagner (1991)
7. Amazônia (RC/EC) – com Chitãozinho & Xororó (1991)
8. Desabafo (RC/EC) – com Ângela Maria (1995)
9. Se Você Quer (Si Piensas... Si Quieres) (Roberto Livi e Albert Vezzani – versão de Roberto Carlos e Carlos Colla) – com Fafá de Belém (1991)
10. Rei do Gado (Teddy Vieira) – com Sérgio Reis e Almir Sater (1996)
11. Se Eu Não Te Amasse Tanto Assim (Herbert Vianna e Paulo Sérgio Valle) – com Ivete Sangalo (2004)
12. Alegria, Alegria (Caetano Veloso) – com Caetano Veloso (1992)
13. Além do Horizonte (RC/EC) – com Jota Quest (2005)
14. Jovens Tardes de Domingo (RC/EC) – com Erasmo Carlos, Wanderléa, Wanderley Cardoso, Jerry Adriani, José Ricardo, Martinha, Waldireni, Rosemary, Cleide Alves, Ed Carlos, Ari Sanches, Ed Wilson, Ronaldo Luis e Marcio Augusto (1985)

EM ESPANHOL [123] [124]

1964
Roberto Carlos Canta a la Juventud
1. Es Prohibido Fumar (É Proibido Fumar) (RC/EC)
2. Un León se Escapó (Um Leão Está Solto Nas Ruas) (Rossini Pinto)
3. Rosa, Rosita (Rosinha) (Oswaldo Audi e Athayde Júlio)
4. La Chica Del Gorro (Broto do Jacaré) (RC/EC)
5. Júrame (Jura-me) (Jovenil Santos)
6. Mi Gran Amor (Meu Grande Bem) (Helena dos Santos)
7. Mi Cacharrito (Road hog – O Calhambeque – La Carcachita) (Gwen Loudermilk e John D. Loudermilk, versão de Erasmo Carlos)
8. Mi Historia de Amor (Minha História de Amor)
9. Naci Pra Llorar (Born to Cry – Nasci Para Chorar)
10. Amapola (Amapola) (Joseph LaCalle)
11. Loco No Soy Más (Louco Não Estou Mais) (RC/EC)
12. Desamarra Mi Corazón (Unchain my Heart – Desamarre o Meu Coração) (Agnes Jones e Freddy James, versão de Roberto Carlos)

1972
Um Gato en la Oscuridad
1. Un Gato en la Oscuridad (Un Gatto Nel Blu) (Toto Sávio)
2. Amada Amante (Amada Amante) (RC/EC)
3. Jesucristo (Jesus Cristo) (RC/EC)
4. Yo Te Amo, Yo Te Amo (Eu Te Amo, Te Amo, Te Amo) (RC/EC)
5. Rosa, Rosita (Rosinha) (Oswaldo Audi e Athayde Júlio)
6. Mi Cacharrito (Road Hog – O Calhambeque – La Carcachita) (Gwen Loudermilk e John D. Loudermilk, versão de Erasmo Carlos)
7. Una Palabra Amiga (Uma Palavra Amiga) (Getúlio Côrtes)
8. Nunca Más Te Dejaré Triste Amor (E Não Vou Mais Deixar Você Tão Só) (Antonio Marcos)
9. Del Otro Lado de la Ciudad (Do Outro Lado da Cidade) (Helena Dos Santos)
10. La Palabra Adios (A Palavra Adeus) (Fred Jorge)
11. Detalles (Detalhes) (RC/EC)

---

[123] A discografia em espanhol é baseada na caixa "Pra Sempre em Espanhol", disponível no mercado brasileiro, com gravações feitas até 1993. A lista inclui coletâneas posteriores.
[124] As versões para o espanhol, quando não creditadas depois do nome dos autores, são de Buddy & Mary McCluskey.

1973
En Español
1. La Ventana (À Janela) (RC/EC)
2. Qué Será de Ti? (Como Vai Você?) (Antonio Marcos E Mario Marcos)
3. La Montaña (A Montanha) (RC/EC)
4. Estas Tan Linda (Luces Linda – Você É Linda) (RC/EC)
5. Por Amor (Por Amor) (RC/EC)
6. La Distancia (À Distância) (RC/EC)
7. Usted Ya Me Olvido (Você Já Me Esqueceu) (Fred Jorge)
8. Negra (Nêga) (Maurício Duboc e Carlos Colla)
9. Las Flores Del Jardín De Nuestra Casa (As Flores do Jardim da Nossa Casa) (RC/EC)
10. Te Dije Adios (Eu Disse Adeus) (Roberto Carlos e Erasmo Carlos)

1974
El Día Que Me Quieras
1. Actitudes (Atitudes) (Getúlio Côrtes)
2. Propuesta (Proposta) (RC/EC)
3. Amigos, Amigos (Amigos, Amigos) (RC/EC)
4. Palabras (Palavras) (RC/EC)
5. La Gitana (A Cigana) (RC/EC)
6. El Día Que Me Quieras (Carlos Gardel e Alfredo Le Pera)
7. El Hombre (O Homem) (RC/EC)
8. Rutina (Rotina) (RC/EC)
9. Sueño Lindo (Sonho Lindo) (Maurício Duboc e Carlos Colla)
10. El *Show* Yá Terminó (O *Show* Já Terminou) (RC/EC)

1975
Quiero Verte a Mi Lado
1. Quiero Verte a Mi Lado (Quero Ver Você De Perto) (Benito Di Paula)
2. Juego de Damas (Jogo de Damas) (Isolda e Milton Carlos)
3. Es Preciso Saber Vivir (É Preciso Saber Viver) (RC/EC)
4. Usted (Você) (RC/EC)
5. Despedida (Despedida) (RC/EC)
6. Yo Te Recuerdo (Eu Me Recordo) (Armando Manzanero)
7. Resumen (Resumo) (Mario Marcos e Eunice Barbosa)
8. Ternura Antigua (Ternura Antiga) (J. Ribamar e Dolores Duran)
9. El Portón (O Portão) (RC/EC)
10. Yo Sólo Quiero (Eu Quero Apenas) (RC/EC)
11. El Tiempo Borrará (O Tempo Vai Apagar) (Paulo César Barros e Getúlio Côrtes)
12. Como Es Grande Mi Amor Por Ti (Como É Grande o Meu Amor Por Você) (Roberto Carlos)

1976
Tu Cuerpo
1. Tu Cuerpo (Seu Corpo) (RC/EC)
2. El Humahuaqueño (Zaldivar)
3. Que Se Vaya Todo al Infierno (Quero Que Vá Tudo Pro Inferno) (RC/EC)
4. Inolvidable (Julio Gutierrez)
5. No Te Quiero Ver Triste (Não Quero Ver Você Triste) (RC/EC)
6. Detrás Del Horizonte (Além do Horizonte) (RC/EC)
7. Será el Destino Quien Dirá (Elas Por Elas) (Isolda e Milton Carlos)
8. Mira (Olha) (RC/EC)
9. El Jardín del Vecino (O Quintal do Vizinho) (RC/EC)
10. Existe un Problema Entre Los Dos (Existe Algo Errado) (Maurício Duboc e Carlos Colla)

1977
En Español
1. El Progreso (O Progresso) (RC/EC)
2. La Niña y el Poeta (A Menina e o Poeta) (Wando)
3. Un Modo Estúpido de Amar (Um Jeito Estúpido de Amar) (Isolda e Milton Carlos)
4. Eres Reservada (Pelo Avesso) (Isolda e Milton Carlos)
5. Los Botones (Os Seus Botões) (RC/EC)
6. Necesito Llamar Su Atención (Preciso Chamar Sua Atenção) (RC/EC)
7. Ilegal, Inmoral, o Engorda (Ilegal, Imoral ou Engorda) (RC/EC)
8. Mi Tia (Minha Tia) (RC/EC)
9. Tu en Mi Vida (Você na Minha Vida) (RC/EC)
10. Por Motivo de Fuerza Mayor (Por Motivo de Força Maior) (Getúlio Côrtes)
11. Comentarios (Comentários) (Maurício Duboc e Carlos Duboc)

1978
Amigo
1. Amigo (Amigo) (RC/EC)
2. Solamente Una Vez (Agustín Lara)
3. Muy Romántico (Muito Romântico) (Caetano Veloso)
4. Hablando en Serio (Falando Sério) (Maurício Duboc e Carlos Colla)
5. Ternura (Ternura – Somehow It Got To Be Tomorrow) (Estelle Levit e Kenny Karen)
6. Cabalgata (Cavalgada) (RC/EC)
7. No Te Olvides de Mi (Não se Esqueça de Mim) (RC/EC)
8. Siento Mucho, Amiga Mía (Sinto Muito, Minha Amiga) (RC/EC)
9. Hacerte Mi Mujer (Pra Ser Só Minha Mulher) (Ronnie Von e Tony Osanah)
10. Otra Vez (Outra Vez) (Isolda)
11. Aquellas Tardes de Domingo (Jovens Tardes de Domingo) (RC/EC)

1979
Fe
1. Fe (Fé) (RC/EC)
2. La Primera Vez (A Primeira Vez) (RC/EC)
3. Una Vez Más (Mais Uma Vez) (Maurício Duboc e Carlos Colla)
4. Viviendo Por Vivir (Vivendo Por Viver) (Marcio Greyck e Cobel)
5. Lady Laura (Lady Laura) (RC/EC)
6. Música Suave (Música Suave) (RC/EC)
7. Desayuno (Café da Manhã) (RC/EC)
8. Por Fin Mañana (Armando Manzanero)
9. Intenta Olvidar (Tente Esquecer) (Isolda)
10. Fuerza Extraña (Força Estranha) (Caetano Veloso)
11. Todos Tus Rumbos (Todos os Meus Rumos) (Fred Jorge)

1980
Mi Querido, Mi Viejo, Mi Amigo
1. La Paz de Tu Sonrisa (Na Paz do Teu Sorriso) (RC/EC)
2. Abandono (Abandono) (Ivor Lancellotti)
3. El Año Pasado (O Ano Passado) (RC/EC)
4. Esta Tarde Vi Llover (Armando Manzanero)
5. Cuéntame Tu Historia (Me Conte Sua História) (Maurício Duboc e Carlos Colla)
6. Desahogo (Desabafo) (RC/EC)
7. Hoy Volví al Pasado (Eu Voltei ao Passado) (Eduardo Ribeiro e Mauro Motta)
8. Mi Querido, Mi Viejo, Mi Amigo (Meu Querido, Meu Velho, Meu Amigo) (RC/EC)
9. Costumbres (Costumes) (RC/EC)
10. A Veces Pienso (Às Vezes Penso) (Eduardo Lages e Paulo Sérgio Valle)

1981
Roberto Carlos en Castellaño
1. La Guerra de Los Niños (A Guerra Dos Meninos) (RC/EC)
2. El Sabor de Todo (O Gosto de Tudo) (RC/EC)
3. La Isla (A Ilha) (Djavan)
4. Me Vuelves Loco (Armando Manzanero)
5. Pasatiempo (Passatempo) (Maurício Duboc e Carlos Colla)
6. No Te Apartes de Mi (Não Se Afaste de Mim) (Roberto Carlos e Erasmo Carlos – versão de Luiz Gomes Escolar)
7. Se Busca (Procura-se) (Roberto Carlos e Ronaldo Bôscoli)
8. Amante a la Antigua (Amante à Moda Antiga) (Roberto Carlos e Erasmo Carlos – versão de Luiz Gómez Escolar)
9. Y Tengo Que Seguir (Tentativa) (Marcio Freyck)
10. Confesion (Confissão) (Eduardo Lages e Paulo Sérgio Valle)

1982
Emociones
1. Él Está al Llegar (Ele Está Pra Chegar) (Roberto Carlos e Erasmo Carlos – versão de Luiz Gómez Escolar)
2. Simple-Mágica (Simples Mágica) (Regininha)
3. Ballenas (As Baleias) (RC/EC)
4. Todo Pára (Tudo Para) (RC/EC)
5. Dulce Locura (Doce Loucura) (Maurício Duboc e Carlos Colla)
6. Necesito de Tu Amor (Eu Preciso de Você) (RC/EC)
7. Emociones (Emoções) (Roberto Carlos e Erasmo Carlos – versão de Luiz Gomez Escolar)
8. Mirando Estrellas (Olhando Estrelas) (Eduardo Lages e Paulo Sérgio Valle)
9. Cama y Mesa (Cama e Mesa) (Roberto Carlos e Erasmo Carlos – versão de Luiz Gomez Escolar)
10. Quando o Sol Nascer (Eduardo Ribeiro e Mauro Motta)

1983
Fiera Herida
1. Amiga (Amiga) (Roberto Carlos e Erasmo Carlos – participação especial de Ana Belén)
2. Viejas Fotos (Coisas Que Não Se Esquece) (Mauro Motta e Eduardo Ribeiro – versão de Luiz Gomez Escolar)
3. Mi Fin de Semana (Fim de Semana) (Roberto Carlos e Erasmo Carlos – versão de Luiz Gomez Escolar)
4. Pensamientos (Pensamentos) (Roberto Carlos e Erasmo Carlos – versão de Luiz Gomez Escolar)
5. Momentos (Quantos Momentos Bonitos) (Maurício Duboc e Carlos Colla – versão de Luiz Gomez Escolar)
6. Mis Amores de Televisión (Meus Amores da Televisão) (Roberto Carlos e Erasmo Carlos – versão de Luiz Gomez Escolar)
7. Fiera Herida (Fera Ferida) (Roberto Carlos e Erasmo Carlos – versão de Luiz Gomez Escolar)
8. Misterios (Como É Possível?) (Sérgio Sá e Isolda – versão de Luiz Gómez Escolar)
9. Recuerdos (Recordações) (Edson Ribeiro e Helena dos Santos – versão de Luiz Gomez Escolar)
10. Como Fue (Como Foi) (Eduardo Lages e Paulo Sérgio Valle – versão de Luiz Gómez Escolar)

1984
El Amor y la Moda
1. El Amor y la Moda (O Amor É a Moda) (RC/EC)
2. Recuerdos y ya Más Nada (Recordações e Mais Nada) (Roberto Carlos e Fred Jorge)

3. Estoy Aquí (Estou Aqui) (RC/EC)
4. No Te Puedo Olvidar (Preciso de Você) (Mauro Motta e Eduardo Ribeiro)
5. Dijiste Adiós (Me Disse Adeus) (Eduardo Lages e Paulo Sérgio Valle)
6. Tú No Sabes (Você Não Sabe) (RC/EC)
7. Cóncavo y Convexo (O Côncavo e o Convexo) (RC/EC)
8. Pleno Verano (No Mesmo Verão) (RC/EC)
9. Perdona (Perdoa) (RC/EC)
10. A Partir de Este Instante (A Partir Desse Instante) (Maurício Duboc e Carlos Colla)

1985
Corazón
1. Corazón (Coração) (Roberto Carlos e Erasmo Carlos – versão de Oscar Gomez)
2. Yo y Ella (Eu e Ela) (Mauro Motta, Robson Jorge e Lincoln Olivetti – versão de Oscar Gomez)
3. Aleluya (Aleluia) (RC/EC)
4. Luna Nueva (Lua Nova) (RC/EC)
5. Cartas de Amor (Cartas de Amor – Love Letters) (Victor Young e Edward Heyman)
6. Camionero (Caminhoneiro) (Roberto Carlos, Erasmo Carlos e John Hatford – versão de Edmundo Fonti)
7. Yo Te Amo (Eu Te Amo – And I Love Her) (John Lennon e Paul McCartney – versão de Oscar Gomez)
8. Sabores (Sabores) (Mauro Motta e Cláudio Rabello – versão de Oscar Gomez)
9. Las Mismas Cosas (As Mesmas Coisas) (Maurício Duboc e Carlos Colla)

1986
De Corazón a Corazón
1. Verde e Amarelo (Verde e Amarelo) (Roberto Carlos e Erasmo Carlos – versão de Oscar Gomez)
2. De Corazón a Corazón (De Coração Pra Coração) (Mauro Motta, Robson Jorge, Lincoln Olivetti e Isolda – versão de Oscar Gomez)
3. Si Tu Vas Tambien Yo Voy (Só Vou Se Você For) (Roberto Carlos e Erasmo Carlos – versão de Oscar Gomez)
4. Paz en la Tierra (Paz na Terra) (Roberto Carlos e Erasmo Carlos – versão de Oscar Gomez)
5. Contradicciones (Contradições) (Eduardo Lages e Paulo Sérgio Valle – versão de Oscar Gomez)
6. Por Las Calles de Nuestra Casa (Pelas Esquinas da Nossa Casa) (Roberto Carlos e Erasmo Carlos – versão de Oscar Gomez)
7. Símbolo Sexual (Símbolo Sexual) (Roberto Carlos e Erasmo Carlos – versão de Oscar Gomez)

8. La Actriz (A Atriz) (Roberto Carlos e Erasmo Carlos – versão de Oscar Gomez)
9. Dentro de Mi Mente (Você na Minha Mente) (Mauro Motta, Robson Jorge, Lincoln Olivetti e Carlos Colla – versão de Oscar Gomez)
10. De Boca Hacia Afuera (Da Boca Pra Fora) (Maurício Duboc e Carlos Colla – versão de Oscar Gómez)

1987
Nuestro Amor
1. Apocalipsis (Apocalipse) (Roberto Carlos e Erasmo Carlos – versão de E. Fuentes)
2. Desde el Fondo de Mi Corazón (Do Fundo do Meu Coração) (Roberto Carlos e Erasmo Carlos – versão de E. Fuentes)
3. Amor Perfecto (Amor Perfeito) (Michael Sullivan, Paulo Massadas, Lincoln Olivetti e Robson Jorge)
4. Cuando Hoy Te Vi Pasar (Quando Vi Você Passar) (Mauro Motta e Isolda)
5. Cuando No Estás (Eu Sem Você) (Maurício Duboc e Carlos Colla)
6. Negra (Nêga) (Roberto Carlos e Erasmo Carlos – versão de E. Fuentes)
7. Como Te Irás Sin Mí (Tente Viver Sem Mim) (Mauro Motta, Robson Jorge e Lincoln Olivetti)
8. Aquella Casa Humilde (Aquela Casa Simples) (RC/EC)
9. Quiero Volver a Ti (Eu Quero Voltar Pra Você) (Eduardo Lages e Paulo Sérgio Valle)

1988
Volver
1. Telepatía (Tô Chutando Lata) (Roberto Carlos e Erasmo Carlos – versão de Roberto Livi)
2. Tristes Momentos (Tristes Momentos) (Roberto Livi e Bebu Silvetti)
3. Volver (Carlos Gardel e Alfredo Le Pera)
4. Antiguamente Era Así (Antigamente Era Assim) (Roberto Carlos e Erasmo Carlos – versão de Roberto Livi)
5. Ingenuo y Soñador (Ingênuo e Sonhador) (Maurício Duboc e Carlos Colla – versão de Roberto Livi)
6. La Vida Te Ofrece Otras Cosas (O Careta) (RC/EC)
7. Si El Amor Se Vá (Roberto Livi e Bebu Silvetti)
8. Mis Amores (Roberto Livi e Bebu Silvetti)
9. Aventuras (Aventuras) (Antonio Marcos e Mario Marcos – versão de Roberto Livi)
10. Cosas Del Corazón (Coisas do Coração) (Eduardo Lages e Paulo Sérgio Valle – versão de Roberto Livi)

1989
Sonrie
1. Si Me Vas a Olvidar (Roberto Livi)

2. Se Divierte y Ya No Piensa En Mi (Se Diverte e Já Não Pensa em Mim) (RC/EC)
3. Sonrie (Smile) (C. Chaplin, J. Turner e G. Parsons – versão de Roberto Livi)
4. Águila Dorada (Águia Dourada) (Roberto Carlos e Erasmo Carlos – versão de Roberto Livi)
5. Abre Las Ventanas a el Amor (Roberto Livi)
6. Si Me Dices Que Ya No Me Amas (Se Você Disser Que Não Me Ama) (RC/EC)
7. Todo el Mundo Es Alguien (Todo Mundo É Alguém) (Roberto Carlos e Erasmo Carlos – versão de Roberto Livi)
8. Que Es lo Que Hago? (O Que É Que Eu Faço?) (Roberto Carlos e Erasmo Carlos – versão de Roberto Livi)
9. Vivir Sin Ti (Eu Sem Você) (Mauro Motta e Carlos Colla – versão de Roberto Livi)

1990
Pajaro Herido
1. Pajaro Herido (Pássaro Ferido) (RC/EC)
2. Mujer (Roberto Livi e Salako)
3. Amazonía (Amazônia) (RC/EC)
4. El Tonto (Tolo) (RC/EC)
5. Oh, oh, oh, oh (Roberto Livi e Salako)
6. Tengo Que Olvidar (Roberto Livi e Salako)
7. Me Has Echado al Olvido
8. El Tiempo y el Viento (O Tempo e o Vento) (RC/EC)
9. Poquito a Poço
10. Só Você Não Sabe (RC/EC)

1991
Por Ella
1. Súper Héroe (Super-Heroi) (Roberto Carlos e Erasmo Carlos – versão de Luiz Gomez Escolar)
2. Adónde Andarás Paloma? (Roberto Livi)
3. Si Piensas... Si Quieres (Roberto Livi e Alejandro Vezzani – participação especial de Rocío Dúrcal)
4. Estos Celos (Meu Ciúme) (Michael Sullivan e Paulo Massadas – versão de Roberto Livi)
5. Quiero Paz (Quero Paz) (Roberto Carlos e Erasmo Carlos – versão de Luiz Gomez Escolar)
6. Una Casita Blanca (Roberto Livi)
7. Por Ella (José Manuel Soto)
8. Una en un Millón (Roberto Livi e Alejandro Vezzani)
9. El Sexo y Mi Corazón (Porque a Gente se Ama) (Roberto Carlos e Erasmo Carlos – versão de Roberto Livi)

10. Pobre de Quien Quiera Amarme Después de Ti (Pobre de Quem Me Tiver Depois de Você) (Roberto Carlos e Erasmo Carlos – versão de Roberto Livi)

1993[125]
Mujer Pequeña
1. Mujer Pequeña (Mulher Pequena) (RC/EC)
2. Tú Eres Mía (Você É Minha) (RC/EC)
3. No Me Dejes (Não Me Deixes)
   (Marcos Valle e Carlos Colla)
4. Todas Las Mañanas (Todas As Manhãs) (RC/EC)
5. Escenario (Cenário) (Eduardo Lages e Paulo Sérgio Valle)
6. Luz Divina (Luz Divina) (RC/EC)
7. Dime Unas Cosas Bonitas (Diga-Me Coisas Bonitas)
8. Y Tú, Cómo Estás? (E Tu Come Stai?)
9. Preguntale a Tu Corazón (Pergunte Pro Seu Coração) (Michael Sullivan e Paulo Massadas)
10. Dicho y Hecho (Dito e Feito) (Altay Velloso)

1997[126]
Canciones que Amo
1. Abrázame Así (Mario Clavell)
2. Adiós (Eddie Woods e Enric Madruguera)
3. Niña (Bebu Silvetti e Silvia Riera Ibañez)
4. Las Muchachas de la Plaza Espana (M. Ruccione e A. Marchionne)
5. El Manicero (Moisés Simons)
6. Coração de Jesus (RC/EC)
7. Mi Carta (Mario Clavell)
8. Esta Tarde Vi Llover (Armando Manzanero)
9. Insensatez (Insensatez) (Antônio Carlos Jobim e Vinicius de Moraes – versão de Roberto Carlos)
10. Se Me Olvido Otra Vez (Juan Gabriel)

---

[125] *Inolvidables*, lançado em 1993, é uma coletânea de músicas que constam de outros álbuns em espanhol (Amigo, Desahogo, Yo Solo Quiero, Inolvidable, La Distancia, Lady Laura, Propuesta, Amante a la Antigua, El Dia Que Me Quieras e Amada Amante).
[126] A discografia em espanhol inclui ainda as antologias de 2000 e de 2006 e o "ao vivo" de 2008 (todos com músicas que constam dos álbuns aqui listados).

EM INGLÊS

1971
Compacto
1. Jesus Christ (Jesus Cristo) (RC/EC)
2. Anna (Ana) (RC/EC)

1981
Roberto Carlos
1. Honestly (Falando Sério) (Maurício Duboc e Carlos Colla – versão de Sue Sheridan)
2. At Peace in Your Smile (Na Paz do Seu Sorriso) (Roberto Carlos e Erasmo Carlos – versão de Sue Sheridan)
3. Loneliness (Paul Williams e Ken Ascher)
4. Sail Away (Billy Falcon)
5. Niagara (Marvin Hamlisch, Carole Bayer e Bruce Roberts)
6. Buttons on Your Blouse (Os Seus Botões) (Roberto Carlos e Erasmo Carlos – versão de Julie Sayres)
7. Breakfast (Café da Manhã) (Roberto Carlos e Erasmo Carlos – versão de Sue Sheridan)
8. Come to Me Tonight (Gary Portnoy e Sue Sheridan)
9. You Will Remember Me (Detalhes) (Roberto Carlos e Erasmo Carlos – versão de Sue Sheridan)
10. It's Me Again (Doug McCormick e Dennis Smith)

EM ITALIANO [127] [128]

1. 120… 150… 200 All'ora (120… 150… 200 km Por Hora) (RC/EC)
2. A Che Serve Volare (Por Isso Corro Demais) (Roberto Carlos – versão de Daniele Pace)
3. Amame e Non Pensare a Niente (Quero Ter Você Perto de Mim) (Nenéo)
4. Amato Amore (Amada Amante) (Roberto Carlos e Erasmo Carlos – versão de A. Mennillo)
5. Amico (Amigo) (Roberto Carlos e Erasmo Carlos – versão de Sergio Bardotti)
6. Amore Mi Sbagliali (Você Já Me Esqueceu) (Fred Jorge – Versão de F. Specchia)
7. Ancora Con Te (Outra Vez) (Isolda – Versão de Sergio Bardotti)
8. Ancora Uma Volta (Mais Uma Vez) (Maurício Duboc e Carlos Colla – versão de Sergio Bardotti)
9. Anna (Ana) (RC/EC)
10. Attitudini (Atitudes) (Getúlio Côrtes)
11. Canzone Per Te (Sergio Endrigo e Sergio Bardotti)
12. Cavalcata (Cavalgada) (RC/EC)
13. Come Una Foglia (Folhas de Outono) (Francisco Lara e Jovenil Santos – versão de Daniele Pace)
14. Devo Trovare Il Modo Per Richiamar la Tua Attenzione (Preciso Chamar Sua Atenção) (RC/EC)
15. Dimmi Come Fai (Como Vai Você?) (Antonio Marcos e Mario Marcos)
16. Domattina Io e Te (Café da Manhã) (Roberto Carlos e Erasmo Carlos – versão de Sergio Bardotti)
17. Dopo l'orizzonte (Além do Horizonte) (RC/EC)
18. È Tempo di Saper Amare (É Tempo de Amar) (José Ari e Pedro Camargo – versão de Daniele Pace)
19. Fede (Fé) (Roberto Carlos e Erasmo Carlos – versão de Sergio Bardotti)
20. Forza Strana (Força Estranha) (Caetano Veloso – versão de Sergio Bardotti)
21. Frammenti (Traumas) (RC/EC)

---

[127] As gravações em italiano foram lançadas em compactos e coletâneas. Como essas faixas não estão disponíveis comercialmente no Brasil (salvo em formato MP3), a discografia está organizada não por lançamentos, mas em ordem alfabética, com a eliminação de repetições.

[128] As versões para o italiano, quando a informação não consta depois dos nomes dos autores, são de C. Malgioglio.

22. Il Lento (Música Suave) (Roberto Carlos e Erasmo Carlos – versão de Sergio Bardotti)
23. Il Mio Amore Per Te (Como É Grande o Meu Amor Por Você) (Roberto Carlos – Versão de Daniele Pace)
24. Il Mio Difetto È Volerti Troppo Bene (Um Jeito Estúpido de Te Amar) (Isolda e Milton Carlos)
25. Il Vestito Stà Bene (Vista a Roupa Meu Bem) (RC/EC)
26. Io Sono Un Artista (Só Vou Gostar de Quem Gosta de Mim) (Rossini Pinto – versão de Daniele Pace)
27. Io Ti Amo, Ti Amo, Ti Amo (Eu Te Amo, Te Amo, Te Amo) (RC/EC)
28. Io Ti Darei il Cielo (Eu Te Darei o Céu) (RC/EC)
29. Io Ti Propongo (Proposta) (RC/EC)
30. Io Ti Ricordo (Yo Te Recuerdo – Eu Me Recordo) (Armando Manzanero)
31. I Tuoi Occhi Non Moriranno Mai (As Flores do Jardim da Nossa Casa) (RC/EC)
32. Jesus Christo (Jesus Cristo) (Roberto Carlos e Erasmo Carlos – versão de Daniele Pace)
33. La Donna di un Amico Mio (Namoradinha de um Amigo Meu) (Roberto Carlos – versão de Daniele Pace)
34. Lady Laura (Lady Laura) (Roberto Carlos e Erasmo Carlos – versão De Sergio Bardotti)
35. La Nostra Canzone (Nossa Canção) (Luiz Ayrão)
36. La Parola Addio (A Palavra Adeus) (Fred Jorge)
37. L'Artista (O Portão) (RC/EC)
38. L'astronauta (O Astronauta) (Edson Ribeiro e Helena dos Santos)
39. La Tempesta (De Que Vale Tudo Isso?) (Roberto Carlos – versão de Daniele Pace)
40. La Stazione (A Estação) (RC/EC)
41. La Tua Grande Immagine (Custe o Que Custar) (Edson Ribeiro e Hélio Justo)
42. Lo *Show* È Già Finito (O *Show* Já Terminou) (RC/EC)
43. L'ultima Cosa (Beretta e Balsamo)
44. Non Ci Toccheremo Più (Elas Por Elas) (Isolda e Milton Carlos)
45. Non Scordarti Di Me (Não se Esqueça de Mim) (RC/EC)
46. Non Soffrirò Più Per Te (Você Não Serve Pra Mim) (Renato Barros – versão De Daniele Pace)
47. Più Grande Del Mio Amore (Maior Que o Meu Amor) (Renato Barros – versão de Daniele Pace)
48. Prova A Scordare (Tente Esquecer) (Isolda – versão de Sergio Bardotti)
49. Quando (Quando) (Roberto Carlos)
50. Quando I Ragazzi Andranno in Vacanza (Quando as Crianças Saírem de Férias) (RC/EC)

51. Quella Volta Che (A Primeira Vez) (Roberto Carlos e Erasmo Carlos – versão de Sergio Bardotti)
52. Riprendi Me, Riprendo Te (Você na Minha Vida) (RC/EC)
53. Sconfitta (Palavras) (RC/EC)
54. Solo Con Te (Se Eu Partir) (Fred Jorge – versão de B. Lauzi)
55. Tanti Amici (Eu Quero Apenas) (RC/EC)
56. Testardo Io (À Distância) (RC/EC)
57. Tu Meraviglia (À Janela) (RC/EC)

EM FRANCÊS [129]

1. Ça Ressemble à l'Amour (Solamente Una Vez) (Augustin Lara – versão de M. Saisse)
2. La Guerre des Gosses (A Guerra Dos Meninos) (Roberto Carlos e Erasmo Carlos – versão de P. Saisse)
3. Et Puis Tout Commence (Os Seus Botões) (Roberto Carlos e Erasmo Carlos – versão de J. Mercury)
4. C'est Fini Il Faut Se Dire Adieu (À Distância) (Roberto Carlos e Erasmo Carlos – versão de P. Saisse)

---

[129] Roberto Carlos tem quatro músicas gravadas em francês. Foram dois compactos simples lançados em 1982 e 1984. As músicas foram incluídas em *Roberto Carlos Chante en Français et en Portugais* (1984).

FILMOGRAFIA

Roberto Carlos em Ritmo de Aventura, dirigido por Roberto Farias (1968).

Roberto Carlos e o Diamante Cor-de-Rosa, dirigido por Roberto Farias (1970).

A 300 km Por Hora, dirigido por Roberto Farias (1971).

BIBLIOGRAFIA E SITES

LIVROS

Antônio Aguillar, Débora Aguillar e Paulo Cesar Ribeiro, *Histórias da Jovem Guarda*. São Paulo: Editora Globo, 2005.

Augusto de Campos, *Balanço da Bossa e Outras Bossas*. São Paulo: Perspectiva, 1986, 4ª ed.

Caetano Veloso, *Verdade Tropical*. São Paulo: Companhia das Letras, 1997.

Carlos Calado, *Tropicália – A História de Uma Revolução Musical*. São Paulo: Editora 34, 1997.

Jairo Severiano, *Uma História da Música Popular Brasileira – Das Origens à Modernidade*. São Paulo: Editora 34, 2008.

Jairo Severiano e Zuza Homem de Mello, *A Canção no Tempo, 85 Anos de Músicas Brasileiras – Volume 2: 1958-1985*. São Paulo: Editora 34, 2006, 5ª ed.

José Ramos Tinhorão, *História Social da Música Popular Brasileira*. São Paulo: Editora 34, 1998.

Luiz Tatit, *O Cancionista – Composição de Canções no Brasil*. São Paulo: Edusp, 2002, 2ª ed.

Luiz Tatit, *Todos Entoam – Ensaios, Conversas e Canções*. São Paulo: Publifolha, 2007.
Marcelo Fróes, *Jovem Guarda em Ritmo de Aventura*. São Paulo: Editora 34, 2000.
Nelson Motta, *Noites Tropicais – Solos, Improvisos e Memórias Musicais*. Rio de Janeiro: Objetiva, 2000.
Paulo Cesar de Araújo, *Roberto Carlos em Detalhes*. São Paulo: Planeta, 2006. [Edição recolhida, por acordo judicial.]
Pedro Alexandre Sanches, *Como Dois e Dois São Cinco – Roberto Carlos (& Erasmo & Wanderléa)*. São Paulo: Boitempo, 2004.
Ricardo Pugialli, *Almanaque da Jovem Guarda*. Rio de Janeiro: Ediouro, 2006.
Rodrigo Faour, *História Sexual da MPB – A Evolução do Amor e do Sexo na Canção Brasileira*. Rio de Janeiro: Record, 2006.
Walter Garcia, *Bim Bom - A Contradição Sem Conflitos de João Gilberto*. São Paulo: Paz e Terra, 1999.
Zuza Homem de Mello, *A Era Dos Festivais – Uma Parábola*. São Paulo: Editora 34, 2003.

SITES

www.robertocarlos.globo.com
www.erasmocarlos.com.br
www.jovemguarda.com.br

AGRADECIMENTOS

Ao meu editor, Arthur Nestrovski, pelo convite e pelo entusiasmo de sempre; a Flora Vaz Pereira, pela minuciosa pesquisa no Banco de Dados da *Folha*; a Luiz Cesar Pimentel, pela valiosa compilação dos intérpretes recentes de Roberto Carlos; e a Ivan Finotti, pelo material da série censurada no *Notícias Populares*.

A meus pais, Oscar e Norma, de quem um dia ganhei uma vitrola Calhambeque; à minha mulher, Beatriz Alessi, pelo rigor da primeira leitura; e à minha filha, Sofia, que me ajudou a ouvir as novas versões de antigos sucessos de Roberto Carlos.

SOBRE O AUTOR

Oscar Pilagallo é autor de *A História do Brasil no Século 20* (5 vols., série "Folha Explica"), *O Brasil em Sobressalto* (Publifolha, 2002) e *A Aventura do Dinheiro* (Publifolha, 2000). Participou da obra coletiva *Música Popular Brasileira Hoje* (Publifolha, 2002). Jornalista, é colaborador da *Folha de S.Paulo*, onde foi repórter especial e editor dos cadernos "Dinheiro" e "Sinapse". Criou em 2005 a revista *EntreLivros*, que editou por dois anos. Nascido em São Paulo, morou em Londres entre 1986 e 1991, quando trabalhou no Serviço Brasileiro da BBC. Em 1993, recebeu o Prêmio Esso de Reportagem Especializada.

FOLHA
EXPLICA

Folha Explica é uma série de livros breves, abrangendo todas as áreas do conhecimento e cada um resumindo, em linguagem acessível, o que de mais importante se sabe hoje sobre determinado assunto.

Como o nome indica, a série ambiciona *explicar* os assuntos tratados. E fazê-lo num contexto brasileiro: cada livro oferece ao leitor condições não só para que fique bem informado, mas para que possa refletir sobre o tema, de uma perspectiva atual e consciente das circunstâncias do país.

Voltada para o leitor geral, a série serve também a quem domina os assuntos, mas tem aqui uma chance de se atualizar. Cada volume é escrito por um autor reconhecido na área, que fala com seu próprio estilo. Essa enciclopédia de temas é, assim, uma enciclopédia de vozes também: as vozes que pensam, hoje, temas de todo o mundo e de todos os tempos, neste momento do Brasil.

1 MACACOS — Drauzio Varella
2 OS ALIMENTOS TRANSGÊNICOS — Marcelo Leite
3 CARLOS DRUMMOND DE ANDRADE — Francisco Achcar
4 A ADOLESCÊNCIA — Contardo Calligaris
5 NIETZSCHE — Oswaldo Giacoia Junior
6 O NARCOTRÁFICO — Mário Magalhães
7 O MALUFISMO — Mauricio Puls
8 A DOR — João Augusto Figueiró
9 CASA-GRANDE & SENZALA — Roberto Ventura
10 GUIMARÃES ROSA — Walnice Nogueira Galvão
11 AS PROFISSÕES DO FUTURO — Gilson Schwartz
12 A MACONHA — Fernando Gabeira

13	O PROJETO GENOMA HUMANO	Mônica Teixeira
14	A INTERNET	Maria Ercilia e Antônio Graeff
15	2001: UMA ODISSEIA NO ESPAÇO	Amir Labaki
16	A CERVEJA	Josimar Melo
17	SÃO PAULO	Raquel Rolnik
18	A AIDS	Marcelo Soares
19	O DÓLAR	João Sayad
20	A FLORESTA AMAZÔNICA	Marcelo Leite
21	O TRABALHO INFANTIL	Ari Cipola
22	O PT	André Singer
23	O PFL	Eliane Cantanhêde
24	A ESPECULAÇÃO FINANCEIRA	Gustavo Patú
25	JOÃO CABRAL DE MELO NETO	João Alexandre Barbosa
26	JOÃO GILBERTO	Zuza Homem de Mello
27	A MAGIA	Antônio Flávio Pierucci
28	O CÂNCER	Riad Naim Younes
29	A DEMOCRACIA	Renato Janine Ribeiro
30	A REPÚBLICA	Renato Janine Ribeiro
31	RACISMO NO BRASIL	Lilia Moritz Schwarcz
32	MONTAIGNE	Marcelo Coelho
33	CARLOS GOMES	Lorenzo Mammì
34	FREUD	Luiz Tenório Oliveira Lima
35	MANUEL BANDEIRA	Murilo Marcondes de Moura

36	MACUNAÍMA	Noemi Jaffe
37	O CIGARRO	Mario Cesar Carvalho
38	O ISLÃ	Paulo Daniel Farah
39	A MODA	Erika Palomino
40	ARTE BRASILEIRA HOJE	Agnaldo Farias
41	A LINGUAGEM MÉDICA	Moacyr Scliar
42	A PRISÃO	Luís Francisco Carvalho Filho
43	A HISTÓRIA DO BRASIL NO SÉCULO 20 (1900-1920)	Oscar Pilagallo
44	O MARKETING ELEITORAL	Carlos Eduardo Lins da Silva
45	O EURO	Silvia Bittencourt
46	A CULTURA DIGITAL	Rogério da Costa
47	CLARICE LISPECTOR	Yudith Rosenbaum
48	A MENOPAUSA	Silvia Campolim
49	A HISTÓRIA DO BRASIL NO SÉCULO 20 (1920-1940)	Oscar Pilagallo
50	MÚSICA POPULAR BRASILEIRA HOJE	Arthur Nestrovski (org.)
51	OS SERTÕES	Roberto Ventura
52	JOSÉ CELSO MARTINEZ CORRÊA	Aimar Labaki
53	MACHADO DE ASSIS	Alfredo Bosi
54	O DNA	Marcelo Leite
55	A HISTÓRIA DO BRASIL NO SÉCULO 20 (1940-1960)	Oscar Pilagallo

56	A ALCA	Rubens Ricupero
57	VIOLÊNCIA URBANA	Paulo Sérgio Pinheiro e Guilherme Assis de Almeida
58	ADORNO	Márcio Seligmann-Silva
59	OS CLONES	Marcia Lachtermacher-Triunfol
60	LITERATURA BRASILEIRA HOJE	Manuel da Costa Pinto
61	A HISTÓRIA DO BRASIL NO SÉCULO 20 (1960-1980)	Oscar Pilagallo
62	GRACILIANO RAMOS	Wander Melo Miranda
63	CHICO BUARQUE	Fernando de Barros e Silva
64	A OBESIDADE	Ricardo Cohen e Maria Rosária Cunha
65	A REFORMA AGRÁRIA	Eduardo Scolese
66	A ÁGUA	José Galizia Tundisi e Takako Matsumura Tundisi
67	CINEMA BRASILEIRO HOJE	Pedro Butcher
68	CAETANO VELOSO	Guilherme Wisnik
69	A HISTÓRIA DO BRASIL NO SÉCULO 20 (1980-2000)	Oscar Pilagallo
70	DORIVAL CAYMMI	Francisco Bosco
71	VINICIUS DE MORAES	Eucanaã Ferraz
72	OSCAR NIEMEYER	Ricardo Ohtake
73	LACAN	Vladimir Safatle

74	JUNG	Tito R. de A. Cavalcanti
75	O AQUECIMENTO GLOBAL	Claudio Angelo
76	MELANIE KLEIN	Luís Claudio Figueiredo e Elisa Maria de Ulhôa Cintra
77	TOM JOBIM	Cacá Machado
78	MARX	Jorge Grespan
79	ROBERTO CARLOS	Oscar Pilagallo

Este livro foi composto nas fontes
Bembo e Geometric 415 e impresso em
novembro de 2008 pela gráfica Corprint,
sobre papel offset 90 g/m².